essentials

Essentials liefern aktuelles Wissen in konzentrierter Form. Die Essenz dessen, worauf es als „State-of-the-Art" in der gegenwärtigen Fachdiskussion oder in der Praxis ankommt. *Essentials* informieren schnell, unkompliziert und verständlich

- als Einführung in ein aktuelles Thema aus Ihrem Fachgebiet
- als Einstieg in ein für Sie noch unbekanntes Themenfeld
- als Einblick, um zum Thema mitreden zu können

Die Bücher in elektronischer und gedruckter Form bringen das Fachwissen von Springerautor*innen kompakt zur Darstellung. Sie sind besonders für die Nutzung als eBook auf Tablet-PCs, eBook-Readern und Smartphones geeignet. *Essentials* sind Wissensbausteine aus den Wirtschafts-, Sozial- und Geisteswissenschaften, aus Technik und Naturwissenschaften sowie aus Medizin, Psychologie und Gesundheitsberufen. Von renommierten Autor*innen aller Springer-Verlagsmarken.

Stefan Tewes

Future Model

Das System Zukunft entschlüsseln –
Strategien entwickeln
Transformation meistern

Stefan Tewes
Future Business Group, FOM Hochschule für Oekonomie & Management
Essen, Deutschland

ISSN 2197-6708   ISSN 2197-6716 (electronic)
essentials
ISBN 978-3-658-49595-4   ISBN 978-3-658-49596-1 (eBook)
https://doi.org/10.1007/978-3-658-49596-1

Die Deutsche Nationalbibliothek verzeichnet diese Publikation in der DeutschenNationalbibliografie; detaillierte bibliografische Daten sind im Internet über https://portal.dnb.de abrufbar.

© Der/die Herausgeber bzw. der/die Autor(en), exklusiv lizenziert an Springer Fachmedien Wiesbaden GmbH, ein Teil von Springer Nature 2025

Das Werk einschließlich aller seiner Teile ist urheberrechtlich geschützt. Jede Verwertung, die nicht ausdrücklich vom Urheberrechtsgesetz zugelassen ist, bedarf der vorherigen Zustimmung des Verlags. Das gilt insbesondere für Vervielfältigungen, Bearbeitungen, Übersetzungen, Mikroverfilmungen und die Einspeicherung und Verarbeitung in elektronischen Systemen.
Die Wiedergabe von allgemein beschreibenden Bezeichnungen, Marken, Unternehmensnamen etc. in diesem Werk bedeutet nicht, dass diese frei durch jede Person benutzt werden dürfen. Die Berechtigung zur Benutzung unterliegt, auch ohne gesonderten Hinweis hierzu, den Regeln des Markenrechts. Die Rechte des/der jeweiligen Zeicheninhaber*in sind zu beachten.
Der Verlag, die Autor*innen und die Herausgeber*innen gehen davon aus, dass die Angaben und Informationen in diesem Werk zum Zeitpunkt der Veröffentlichung vollständig und korrekt sind. Weder der Verlag noch die Autor*innen oder die Herausgeber*innen übernehmen, ausdrücklich oder implizit, Gewähr für den Inhalt des Werkes, etwaige Fehler oder Äußerungen. Der Verlag bleibt im Hinblick auf geografische Zuordnungen und Gebietsbezeichnungen in veröffentlichten Karten und Institutionsadressen neutral.

Springer Gabler ist ein Imprint der eingetragenen Gesellschaft Springer Fachmedien Wiesbaden GmbH und ist ein Teil von Springer Nature.
Die Anschrift der Gesellschaft ist: Abraham-Lincoln-Str. 46, 65189 Wiesbaden, Germany

Wenn Sie dieses Produkt entsorgen, geben Sie das Papier bitte zum Recycling.

Was Sie in diesem *essential* finden können

- *Ein neues Verständnis von Zukunft:* Warum Zukunft keine planbare Zielgröße mehr ist, sondern als dynamischer Gestaltungsraum gedacht werden muss.
- *Das Future Model als systemisches Framework:* Wie sieben organisationale Kontexte miteinander vernetzt werden, um strategische Handlungsfähigkeit in komplexen Umwelten zu sichern.
- *Adaptiv-dynamischer Zyklus:* Wie ein zyklisches Entwicklungsmodell genutzt werden kann, um Organisationen durch Phasen von Innovation, Wachstum, Bewahrung und Krise zu begleiten.
- *Geschäftsmodelle als lernende Systeme:* Warum klassische Modelle an ihre Grenzen stoßen – und wie fluide, resonanzfähige Geschäftsarchitekturen Zukunftsfähigkeit ermöglichen.
- *Sweetspots der Zukunft erkennen und gestalten:* Wie externe Möglichkeitsräume und interne Handlungsfähigkeit jenseits von statischen Strategieansätzen wirksam werden.
- *Vom Strategieplan zur strategischen Resonanz:* Wie ein zirkuläres Strategiesystem funktioniert, das Innen- und Außenkontexte integriert und adaptive Steuerung ermöglicht.
- *Transformation als adaptiver Prozess:* Warum ein Transformationssystem notwendig ist, um Veränderung nicht zu verwalten, sondern systemisch zu operationalisieren.
- *Konkrete Werkzeuge für die Praxis:* Wie Handlungsfelder, Lagebilder, Veränderungscluster und Zukunftstreiber zur Gestaltung organisationaler Zukunft eingesetzt werden können.

Inhaltsverzeichnis

1 **Die Zukunft ist Veränderung** 1
   1.1 Geschäftsmodelle im Dauerwandel. 1
   1.2 Adaptiv-dynamisches Zyklusmodell. 4
   1.3 Sweetspots der Zukunft. 7

2 **Die Kontexte des Future Models** 11
   2.1 Der Antrieb: DNA als Fundament. 11
   2.2 Die Trends: Umfeld als Erfolgsfaktor 16
   2.3 Die Kunden: Nachfrage als Notwendigkeit 20
   2.4 Die Organisation: Herz als Schaltzentrale 22
   2.5 Die Partner: Netzwerk als Ergänzung. 26
   2.6 Das Angebot: Lösung als Mehrwert 29
   2.7 Die Entwicklung: Spiegel als Erkenntnisquelle 31

3 **Die Anwendung des Future Models** 35
   3.1 Strategiesystem 35
   3.2 Transformationssystem 43

4 **Fazit** 51

Was Sie in diesem *essential* finden können 55

Literatur. 57

Abbildungsverzeichnis

Abb. 1.1 Handlungsempfehlungen des Adaptive-dynamic Cycle. (Quelle: In Anlehnung an Tewes 2025a)..................... 6
Abb. 3.1 Strategisches Lagebild. (Quelle: Eigene Darstellung).......... 36
Abb. 3.2 Perspektivität im Future Model. (Quelle: Eigene Darstellung) ... 38
Abb. 3.3 Strategiesystem: Übersicht. (Quelle: Eigene Darstellung)....... 40
Abb. 3.4 Strategiesystem. (Quelle: Eigene Darstellung)............... 43
Abb. 3.5 Transformationssystem. (Quelle: Eigene Darstellung).......... 46

Tabellenverzeichnis

Tab. 2.1 Der Antrieb im Überblick. (Quelle: eigene Darstellung) 14
Tab. 2.2 Die Trends im Überblick. (Quelle: eigene Darstellung) 19
Tab. 2.3 Die Kunden im Überblick. (Quelle: eigene Darstellung) 23
Tab. 2.4 Die Organisation im Überblick. (Quelle: eigene Darstellung) 24
Tab. 2.5 Die Partner im Überblick. (Quelle: eigene Darstellung) 27
Tab. 2.6 Das Angebot im Überblick. (Quelle: eigene Darstellung) 29
Tab. 2.7 Die Entwicklung im Überblick. (Quelle: eigene Darstellung) 32
Tab. 3.1 Transformationsplan. (Quelle: eigene Darstellung) 48

Die Zukunft ist Veränderung 1

Zukunft ist keine Prognose – sondern gestaltete Anschlussfähigkeit im Ungewissen.

Zukunft lässt sich nicht mehr als planbares Ziel verstehen, sondern muss als permanenter Prozess der Veränderung begriffen werden. Organisationen dürfen nicht nur auf Wandel reagieren, sondern müssen ihn aktiv gestalten. Abschn. 1.1 zeigt, warum *klassische Geschäftsmodellansätze* an ihre Grenzen stoßen und neue Modelle notwendig sind, um in komplexen Umwelten zu bestehen. Abschn. 1.2 stellt mit dem *adaptiv-dynamischen Zyklus* ein Framework vor, das die Phasen organisationaler Entwicklung zyklisch beschreibt. Abschn. 1.3 erweitert diese Perspektive um das Konzept der *Sweetspots der Zukunft* – jene emergenten Zonen, in denen innere Handlungsfähigkeit und äußere Möglichkeitsräume in produktive Resonanz treten. Die drei Kapitel bilden das Fundament eines neuen Verständnisses unternehmerischer Zukunftsfähigkeit – als bewusste Gestaltung im Spannungsfeld von Wandel, Komplexität und Selbstbeobachtung.

1.1 Geschäftsmodelle im Dauerwandel

Die wirtschaftliche Gegenwart ist durch eine Vielzahl überlagerter Wandelbewegungen geprägt: technologische Beschleunigung, geopolitische Instabilität, gesellschaftlicher Wertewandel und ökologische Krisen. Unternehmen stehen nicht mehr vor der Frage, ob sie sich verändern müssen, sondern wie schnell und wie oft (Tewes 2020). Inmitten dieser neuen Realität verlieren klassische

Managementparadigmen – wie Planbarkeit, Effizienz und lineare Optimierung – zunehmend an Relevanz. Die Betriebswirtschaftslehre sucht dringend neue Ansätze und Modelle, um die Dynamik greifbar zu machen (Reeves & Whitaker 2022).

Transformation ist längst zur Normalität geworden: Ein Drittel der Großunternehmen befindet sich dauerhaft in Veränderungsprogrammen (Mankins & Litre 2024). Über die Hälfte der befragten CEOs geben an, in den vergangenen fünf Jahren mindestens zwei umfassende Veränderungsinitiativen umgesetzt zu haben. Die operative Normalität von Unternehmen ist heute geprägt von permanenter Veränderung – und genau darin liegt die systemische Überforderung klassischer Geschäftsmodellansätze. Die Gleichzeitigkeit mannigfaltiger Veränderungen stellt Unternehmen vor sogenannte ‚Grand Challenges'. Diese beschreiben systemübergreifende Probleme, welche nicht isoliert bearbeitet werden können, sondern ein strategisches Umdenken erfordern (George et al. 2016). Die Vielfalt von Veränderungen erfordert eine neue strategische Logik, die weit über lineare Planungslogiken hinausgeht. Klassische Modelle wie das Business Model Canvas oder auch strukturorientierte Innovationsansätze können diese Dynamik kaum abbilden, da sie primär auf Bestand ausgerichtet sind (Young & Gerard 2021). Zukunftsfähige Geschäftsmodelle müssen fluide, adaptiv und zyklisch sein. Organisationen mit ausgeprägten ‚Dynamic Capabilities' – also der Fähigkeit, Ressourcen und Prozesse kontinuierlich an Umweltveränderungen anzupassen – sind resilienter (Teece 2023). Gefragt sind Modelle, die nicht nur das „Was", sondern auch das „Wie" von Veränderung adressieren. So gewinnen systemische Denkweisen an Bedeutung: Geschäftsmodelle als lernende, resonanzfähige Systeme, die im Wechselspiel mit Technologie, Gesellschaft und Ökologie stehen (Tewes 2025a).

Mit der Einführung des Business Model Canvas wurde ein genialer Meilenstein in der Visualisierung von Geschäftsmodellen gesetzt (Osterwalder & Pigneur 2010). Neun Bausteine strukturieren ein Geschäftsverständnis – übersichtlich auf einer Seite. Durch diese Orientierung kann das eigene Handeln im Gesamtkontext betrachtet werden. Doch in der heutigen Realität stößt dieses Modell zunehmend an seine konzeptionellen Grenzen. Denn das Canvas beschreibt den ‚Ist-Zustand' zu einem bestimmten Zeitpunkt und integriert nicht die Dynamik der Veränderung (Khodaei & Ortt 2019). Externe Dynamiken wie technologische Disruption, gesellschaftlicher Wertewandel oder regulatorische Eingriffe werden im Modell nicht explizit erfasst.

Zudem fehlen klassischen Geschäftsmodellansätzen eine weitere Dimension: Die Reife eines Geschäftsmodells – die Phase, in der sich das Unternehmen befindet (Tewes 2025a). Somit werden der Stand der Anpassungsfähigkeit sowie die

1.1 Geschäftsmodelle im Dauerwandel

Lernkurve ebenso wenig berücksichtigt, wie die Notwendigkeit iterativer Erneuerung. Folglich lassen sich Maßnahmen und Handlungen eher generisch und nicht situativ-dynamisch bestimmen. Weitere Ansätze versuchen über Brückenlogiken andere Analyse- und Visualisierungstools zu koppeln – Osterwalder selbst hat mit der Analyse zur Geschäftsmodellumgebung und dem Value Proposition Canvas versucht (Osterwalder & Pigneur 2010; Osterwalder et al. 2015), die Dynamik der Veränderung in das Gesamtkonzept zu integrieren. Doch diese Ergänzungen bleiben fragmentarisch und methodisch nachgeordnet.

Einen weiterführenden Ansatz liefert der St. Galler Business Model Navigator, der Geschäftsmodelle nicht nur beschreibt, sondern durch ein Repertoire von Innovationsmustern systematisch weiterentwickeln will (Gassmann et al. 2014; Gassmann et al. 2020). Laut diesem Ansatz lassen sich Geschäftsmodellinnovationen auf wiederkehrende Strukturprinzipien zurückführen – z. B. Freemium oder Razor-and-Blade. Der Navigator fragt allerdings nicht nach der Umweltlogik, in die das Geschäftsmodell eingebettet ist, sondern nach dem ‚Was bisher funktioniert hat'. Die Musterlogik hilft, bewährte Prinzipien zu übertragen – sie hilft weniger, neue Prinzipien in entstehenden Systemrealitäten zu entwickeln. Was beide herausragenden Modelle ihrer Zeit vereint, ist das Fehlen einer systemischen Einbettung des Geschäftsmodells in eine dynamische Umwelt (Tewes et al. 2018).

Die aktuelle Forschung zeigt, dass Unternehmen, die auf dynamische Fähigkeiten setzen, langfristig resilienter sind. Transformation ist hierbei nicht mehr das klassische Change Management, sondern die Grundarchitektur der Unternehmensführung (Teece 2007). Sie muss im Geschäftsmodell selbst mitgedacht, integriert und dauerhaft antizipiert werden. Moderne Geschäftsmodelle müssen sich daher nicht mehr nur über ihren Aufbau, sondern vor allem über die Bewegungsfähigkeit definieren. Zukunftsfähige Modelle sind nicht abgeschlossen, sondern iterativ – nicht linear, sondern zyklisch – nicht starr, sondern adaptiv. Sie sind keine fertigen Konstrukte, sondern lernfähige Systeme, die in Echtzeit mit einer sich verändernden Umwelt kommunizieren. Diesen Paradigmenwechsel greifen ältere Ansätze bereits auf, wie beispielsweise das 9 × 9 of Future Business Models oder das Business Model System (Tewes et al. 2018; Tewes et al. 2020). Zielsetzung ist die beschriebene Integration externer Einflussfaktoren in die Grundarchitektur eines Geschäftsmodells. Wertschöpfung ist folglich kein abgeschlossener Akt, sondern eine fortlaufend dynamische Aufgabe der Symbiose von innerer Handlungsfähigkeit und äußerem Möglichkeitsraum (Haftor 2021).

▶ **Essenz des Kapitels**
- Transformation ist Dauerzustand: Wandel ist die neue operative Normalität.
- Klassische Modelle sind überfordert: Sie erfassen weder Dynamik noch Umwelt ausreichend.
- Neue Anforderungen an Geschäftsmodelle: Notwendig sind fluide, adaptive und lernfähige Modelle statt statisch-deskriptive Strukturen.
- Dynamic Capabilities als Erfolgsfaktor: Zukunftsfähigkeit entsteht durch organisationale Anpassungsfähigkeit und strategische Resilienz.
- Paradigmenwechsel erforderlich: Geschäftsmodelle sind nicht mehr Baupläne, sondern Systeme in ständiger Wechselwirkung mit der Umwelt.

1.2 Adaptiv-dynamisches Zyklusmodell

Das Konzept adaptiver Systeme entstammt ursprünglich der Ökologie. In den 1970er-Jahren prägte Holling das Resilienzkonzept als Fähigkeit eines Systems, trotz externer Schocks seine Funktionalität aufrechtzuerhalten (Holling 1973). Im Gegensatz zur klassischen Auffassung von Stabilität, in der Systeme nach einer Störung in ein Gleichgewicht zurückkehren, betont Holling die Existenz multipler stabiler Zustände (Holling 2001). Diese Perspektive erkennt nicht-lineare Entwicklungen, Bifurkationen und emergente Ordnungen als natürliche Bestandteile komplexer Systeme an. Erweitert wird dieses Modell durch das Konzept der Panarchie. Im Zentrum steht hier nicht eine zeitliche Abfolge, sondern die Vorstellung verschachtelter, simultan ablaufender Zyklen auf verschiedenen Systemebenen – etwa auf individueller, organisatorischer oder gesellschaftlicher Ebene (Gunderson & Holling 2002).

Diese Theorie adaptiver Zyklen wurde in der systemischen Organisationsforschung rezipiert und weiterentwickelt. So finden sich etwa bei Glasl und Lievegoed (1993) zyklische Organisationsentwicklungsmodelle mit Phasen wie Pionier-, Differenzierungs-, Integrations- und Assoziationsphase, während Greiner (1972) die Entwicklung von Unternehmen als Abfolge von Wachstums- und Krisenphasen beschreibt. Adizes (1988) ergänzt diese Sichtweise um einen ‚Corporate Lifecycle' mit spezifischen Führungsanforderungen in jeder Phase. Das sogenannte Lazy-Eight-Modell integrierte Frühindikatoren wie ‚Crack Signals' im organisationalen

1.2 Adaptiv-dynamisches Zyklusmodell

Kontext (WKÖ 2023). In der ökonomischen Systemforschung wurde diese multiperspektivische Einsicht von Tewes (2025a) aufgegriffen und in ein operationalisierbares Vier-Phasen-Modell überführt: den Adaptive-dynamic Cycle. Dieser integriert die oben genannten Konzepte in eine zyklische Logik organisationaler Entwicklung, die sich für die Transformation von Geschäftsmodellen in volatilen und komplexen Umwelten eignet (Tewes 2020).

Der benannte Adaptive-dynamic Cycle besteht aus vier Hauptphasen: Innovation, Wachstum, Bewahrung und Krise, die jeweils in zwei Subphasen untergliedert sind. Diese Struktur folgt der Annahme, dass Organisationen in wiederkehrenden Schleifen operieren. Der Zyklus ist somit kein linearer Prozess, sondern ein evolutionärer Entwicklungspfad, der durch Selbstorganisation, Rückkopplung und Umschaltpunkte geprägt ist.

Vier Phasen des Adaptive-dynamic Cycle nach Tewes (2025a)
Das zyklische Modell organisationaler Entwicklung beschreibt vier aufeinanderfolgende Phasen. Die Phasen wurden an die Dynamik und Komplexität der heutigen Zeit angepasst und sind Grundlage für strategische Unternehmensentscheidungen. Jede Phase beinhaltet zwei Subphasen und ist durch spezifische Herausforderungen und Handlungen charakterisiert, siehe Abb. 1.1.

1. *Innovationsphase: Experimentieren & Selektion*
Die Innovationsphase ist der kreative Ausgangspunkt des Zyklus. In der Subphase Experimentieren dominieren Offenheit, agiles Prototyping und iteratives Lernen – unterstützt durch Methoden wie beispielsweise Design Thinking oder Lean Startup. Ziel ist es, neue Ideen in geschützten Räumen zu testen. In der Subphase Selektion werden erfolgversprechende Konzepte bewertet, priorisiert und fokussiert weiterentwickelt. Die Organisation trifft strategische Entscheidungen über Ressourcenallokation und operationalisiert die gewählte Innovation zur Überführung in die Wachstumsphase.
2. *Wachstumsphase: Erschließung & Konsolidierung*
Nach der Auswahl tragfähiger Ideen folgt ihre Skalierung. In der Subphase Erschließung werden neue Märkte, Netzwerke und organisatorische Einheiten genutzt – verbunden mit Investitionen in Personal, Technologie und Infrastruktur. Parallel wird die Kooperationsfähigkeit gestärkt. Die Subphase Konsolidierung zielt auf die Stabilisierung durch Standardisierung von Prozessen, Integration in bestehende Strukturen und Aufbau eines wirksamen Managementsystems. Ziel ist die Transformation von Innovationsimpulsen in robuste, wachstumsfähige Geschäftsmodelle.

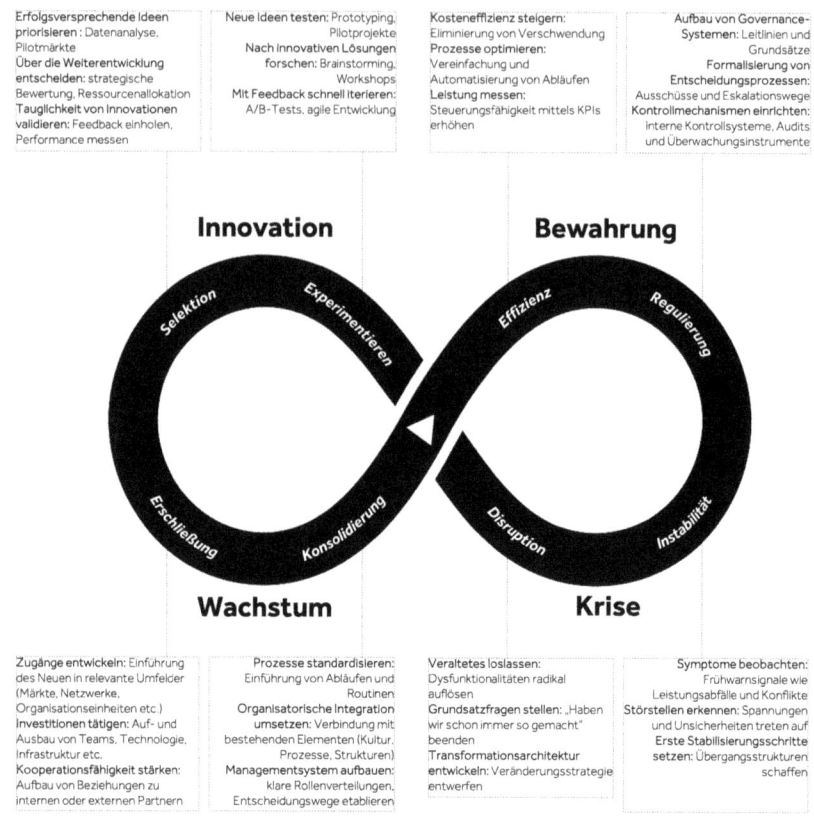

Abb. 1.1 Handlungsempfehlungen des Adaptive-dynamic Cycle. (Quelle: In Anlehnung an Tewes 2025a)

3 *Bewahrungsphase: Effizienz & Regulierung*
In dieser Reifephase steht die Optimierung im Zentrum. In der Subphase Effizienz werden Abläufe vereinfacht, Ressourcen geschont und Leistungen über KPIs gesteuert. Die Organisation sichert ihre Position im Markt und minimiert operative Risiken. In der Subphase Regulierung folgt die Formalisierung durch klare Governance, definierte Entscheidungsprozesse und Kontrollmechanismen. Diese Phase ist notwendig zur Stabilisierung – birgt jedoch die Gefahr der Trägheit und Überregulierung, sodass die Anpassungsfähigkeit verloren geht.

4. *Krisenphase: Instabilität & Disruption*
Wird das bestehende System überfordert, folgt der Eintritt in die Krisenphase. In der Subphase Instabilität zeigen sich Frühwarnsignale wie Leistungsverlust oder interne Spannungen. Erste Stabilisierungsmaßnahmen werden ergriffen. In der Subphase Disruption wird die Notwendigkeit radikaler Transformation erkannt: veraltete Strukturen werden aufgelöst, neue Autoritätsformen und Strategien entstehen. Dies kann zur Reorganisation führen – oder, bei fehlender Wandlungsfähigkeit, zum Scheitern. Die Phase fungiert als kreativer Bruch, aus dem der Zyklus neu beginnen kann.

▶ **Essenz des Kapitels**
- Resilienz wird neu definiert: Organisationen haben mehrere Zustände und reagieren nicht-linear auf Störungen.
- Organisationen entwickeln sich zyklisch: Handlungen müssen der Phase (Innovation, Wachstum, Bewahrung und Krise) angepasst werden.
- Der Adaptive-dynamic Cycle bietet Orientierung: Komplexe Veränderungen werden strukturiert sichtbar.
- Transformation folgt keiner Linie: Adaptivität und Kontextbezogenheit lösen Pauschalantworten ab.

1.3 Sweetspots der Zukunft

Organisationen agieren in einem Spannungsfeld zwischen innerer Determination und äußerer Umwelt. Während interne Faktoren wie Strukturen, Ressourcen oder Prozesse das Handlungspotenzial bestimmen, sind es externe Dynamiken wie Märkte, Technologien oder soziale Erwartungen, die strategischen Druck erzeugen (Mintzberg 1994). Der Begriff des ‚Sweetspots' beschreibt dabei jene Situation, an dem der äußere Möglichkeitsraum mit dem inneren Handlungsraum so zusammentrifft, dass Emergenz möglich wird.

Die klassische BWL
In der klassischen Betriebswirtschaftslehre wird davon ausgegangen, dass Organisationen sich an Umweltbedingungen anpassen müssen, um dauerhaft wettbewerbsfähig zu bleiben (Ansoff 1965). Im Mittelpunkt steht die Idee des ‚strategischen Fits', also der bestmöglichen Passung zwischen externen Anforderungen und internen Fähigkeiten. Im Zuge des Findens dieses strategischen Fits gehen

Porters (1980) Wettbewerbsstrategien sowie sein Fünf-Kräfte-Modell (Five Forces) davon aus, dass Organisationen durch Analyse ihrer Branche die attraktivsten Positionen identifizieren und sich strategisch darauf ausrichten können. Damit steht ein Outside-in-Ansatz im Vordergrund: Die Umwelt wird analysiert, das Unternehmen richtet daraufhin aus.

Demgegenüber stellt der Resource-Based View die inneren Ressourcen in den Mittelpunkt (Barney 1991). Wettbewerbsvorteile entstehen laut Barney durch Ressourcen, die wertvoll, selten, schwer imitierbar und nicht substituierbar sind. Diese Sichtweise wurde durch Prahalad und Hamel (1990) mit dem Konzept der ‚Core Competencies' forciert – also der Idee, dass Unternehmen über einzigartige Kombinationen von Fähigkeiten verfügen, die auf verschiedene Märkte angewendet werden können.

Beide Perspektiven – Outside-in und Inside-out – finden in modernen strategischen Modellen wie der SWOT-Analyse ihre Anwendung. Hier werden Stärken und Schwächen (intern) mit Chancen und Risiken (extern) kombiniert, um strategische Handlungsoptionen zu entwickeln (Schreyögg & Koch, 2014). Chandler (1962) lieferte mit dem Satz ‚Structure follows Strategy' ein historisch fundiertes Beispiel dafür, wie Organisationen sich an neue Marktstrategien strukturell anpassen müssen. Seine Untersuchungen zeigen, wie äußere Diversifikationsstrategien zu inneren strukturellen Veränderungen führen. Die klassische BWL beschreibt also den Sweetspot als Moment strategischer Kohärenz zwischen Umweltanforderung und Organisationsfähigkeit. Dabei stehen Planbarkeit, Steuerbarkeit und der Anspruch auf Kontrolle im Vordergrund.

Systemische Ansätze
Systemisch geprägte Organisationstheorien setzen einen anderen Akzent: Sie rücken die Differenz von Organisation und Umwelt ins Zentrum der Analyse – und damit auch die begrenzte Steuerbarkeit organisationalen Wandels. Luhmanns organisationale Systemtheorie markiert einen solchen Perspektivwechsel. Organisationen sind für ihn autopoietische Systeme, die sich durch ihre eigenen Operationen selbst reproduzieren – in sozialen Systemen durch Kommunikation, in Organisationen durch Entscheidungen (Luhmann 1984; Luhmann 2000). Die Umwelt kann auf solche Systeme nicht direkt einwirken, sondern nur als Irritation wahrgenommen werden. Das Außen ist nicht objektiv gegeben, sondern wird aus Sicht der Organisation selektiv beobachtet. Entscheidend ist, ob ein Umweltreiz für die systeminterne Kommunikation anschlussfähig ist. Diese Selektion ist notwendig, weil die Umwelt eines Systems komplexer ist als das System selbst – ein Gedanke, der sich auch in der Theorie der ‚Bounded Rationality' findet (Simon 1957; Simon 1962).

1.3 Sweetspots der Zukunft

Organisationen handeln nie vollständig rational, sondern innerhalb von Wahrnehmungsgrenzen, Entscheidungsmustern und Routinen. In dieser Begrenztheit liegt die Notwendigkeit, Umwelteinflüsse zu filtern, um handlungsfähig zu bleiben. Zur Erklärung der Interaktion zwischen System und Umwelt führt Luhmann das Konzept der strukturellen Kopplung ein. Über spezifische Schnittstellen wie Märkte, Technologien oder rechtliche Rahmenbedingungen entstehen Verbindungspunkte, durch die Irritationen aufgenommen werden können, ohne die operative Geschlossenheit des Systems aufzugeben (Luhmann 1984). Diese Idee wurde weiterentwickelt von Günther Ortmann (1995) oder Dirk Baecker (2007).

Weick (1995) erweitert das systemische Denken um die Perspektive des Sensemaking: Organisationen interpretieren ihre Umwelt nicht nur, sie erschaffen sie auch mit – durch Entscheidungen, Handlungen und Kommunikation. Er spricht von ‚Enactment': Die Umwelt, in der sich die Organisationen befinden, ist nie unabhängig von der Art, wie sie beobachtet, verstanden und bearbeitet wird. Transformation entsteht so nicht durch einfache Anpassung an ein Außen, sondern durch Reflexion und Reorganisation eigener Deutungsmuster. Ähnlich argumentieren Argyris und Schön (1978), wenn sie zwischen oberflächlichem und tiefgreifendem Lernen unterscheiden: Echte Veränderung setzt voraus, dass nicht nur Ziele und Handlungen, sondern auch die dahinterliegenden Prämissen infrage gestellt werden – genau das, was Luhmann als Veränderung von Entscheidungsprämissen beschreibt. Auch Senge (1990) betont in seinem Konzept der ‚Lernenden Organisation', dass Organisationen langfristig nur dann erfolgreich transformieren, wenn sie lernen, sich selbst als Teil der Umweltverarbeitung zu verstehen. Seine Forderung nach ‚Systemdenken' zielt darauf, Zusammenhänge zu erkennen, statt isolierte Einzelmaßnahmen zu verfolgen.

In systemisch-konstruktivistischer Perspektive ist organisationale Transformation kein planbarer, linear steuerbarer Prozess, sondern ein emergentes Geschehen: angestoßen durch Irritationen, aber intern von der Organisation selbst hervorgebracht. Sie entsteht durch die Fähigkeit eines Systems, sich selbst zu beobachten, zu hinterfragen und weiterzuentwickeln – ohne seine Identität aufzugeben. Der sogenannte *Sweetspot* ist dabei kein Zustand perfekter Passung mit der Umwelt, sondern ein fragiles Gleichgewicht aus externer Beobachtung und interner Entwicklungsfähigkeit. Erfolgreiche Organisationen sind jene, die Irritationen produktiv verarbeiten, blinde Flecken erkennen und offen für Neues bleiben. Die Differenz zwischen Innen und Außen ist dabei kein zu lösendes Problem, sondern konstitutiv für Organisationen. Systemtheorie versteht Transformation nicht als Angleichung, sondern als bewussten Umgang mit dieser Differenz.

▶ **Essenz des Kapitels**
- Klassische Modelle stoßen an Grenzen: Sie intergieren keine Komplexität und Dynamik.
- Der strategische Fit ist zu statisch gedacht: Anpassung allein reicht nicht aus, um zukunftsfähig zu bleiben.
- Organisationen erzeugen ihre Umwelt mit: Realität entsteht durch selektive Wahrnehmung, Deutung und Entscheidung.
- Transformation ist nicht steuerbar, sondern emergent: Wandel vollzieht sich durch Irritation, Lernen und Selbstreflexion.
- Der Sweetspot ist ein dynamisches Gleichgewicht: Er entsteht dort, wo externe Impulse intern anschlussfähig werden.

Die Kontexte des Future Models 2

Die Unternehmensführung der Zukunft erfordert integratives Verständnis der Wechselwirkungen zwischen internen Impulsen und externen Einflüssen. Das ‚Future Model' übersetzt dieses Verständnis in ein handlungsleitendes Framework, das Kontext nicht als Hintergrund, sondern als aktive zukunftsgerichtete Entscheidungen begreift. Dieses Kapitel systematisiert die sieben zentralen Kontexte, in denen das Future Model wirksam wird.

2.1 Der Antrieb: DNA als Fundament

Langfristiger Unternehmenserfolg basiert auf einer konsistenten und klar definierten inneren Ausrichtung. Diese strategische Orientierung manifestiert sich auf fünf zentralen Ebenen: Vision, Purpose (Sinn), Unternehmenszweck, Identität und Kultur. Sie bilden gemeinsam das normative Fundament, das unternehmerisches Handeln leitet, kohärent macht und Wertschöpfung langfristig ermöglicht. Gemeinsam bilden die Ebenen den unternehmerischen Antrieb – eine Art DNA des Unternehmens, die sowohl die interne als auch die externe Wahrnehmung prägt. Diese Ebenen sind nicht isoliert zu betrachten, sondern stehen in einem dynamischen Wechselspiel.

Die fünf Ebenen des Antriebs
Die *Vision* eines Unternehmens ist mehr als ein weit entferntes Ziel – sie ist ein strategischer Referenzpunkt, der als Leitbild für alle Aktivitäten dient. Studien belegen, dass Unternehmen mit einer starken, langfristigen Vision erfolgreicher sind, da sie konsequent auf übergeordnete Ziele hinarbeiten und nicht von kurzfristigen

Marktbewegungen und Aktionismus getrieben werden (Collins & Porras 2005). Ein erfolgreiches Beispiel ist IKEA, dessen Vision – ‚*einen besseren Alltag für die vielen Menschen schaffen* ' (IKEA 2025) – nicht nur inspirierend, sondern zugleich breit genug formuliert ist, um verschiedene Geschäftsmodelle und Innovationen zu integrieren. Im Gegensatz dazu führt eine rein auf Marktführerschaft oder Gewinnmaximierung ausgerichtete Vision häufig zu strategischer Unklarheit und fehlender Motivation der Mitarbeitenden (Kotter 2012).

Eng verknüpft mit der Vision ist der *Purpose (Sinn),* der die Frage nach dem ‚Warum' beantwortet und Organisationen eine tiefere Bedeutung verleiht. Organisationen mit einem klaren Purpose sind wirtschaftlich erfolgreicher, da sie emotionale Bindungen zu Kunden und Mitarbeitenden aufbauen können (Henderson & Van den Steen 2015). Das von Simon Sinek formulierte ‚Start with Why'-Prinzip betont die Bedeutung eines authentischen Unternehmenssinns (Sinek 2011). Ein herausragendes Beispiel ist Patagonia, das sich der Rettung des Planeten verschrieben hat – ein Purpose, der sich in jeder unternehmerischen Entscheidung widerspiegelt, von nachhaltiger Produktion bis hin zu politischen Kampagnen (Patagonia 2025). Demgegenüber verlieren Unternehmen an Glaubwürdigkeit, wenn sie Nachhaltigkeit als Purpose kommunizieren, jedoch nicht konsequent umsetzen. Die zunehmende Bedeutung des Purpose zeigt sich auch in aktuellen Megatrends wie Nachhaltigkeit oder Identität, die eine neue Balance zwischen ökonomischer Wertschöpfung und gesamtgesellschaftlicher Verantwortung erfordern (Vilkaitė-Vaitonė 2024).

Während Vision und Purpose eine inspirierende Wirkung haben, gibt der *Unternehmenszweck* die konkrete Geschäftstätigkeit vor. Er ist in den meisten Ländern rechtlich verankert und bildet den operativen Rahmen. Ein klar definierter Unternehmenszweck kann Stabilität und Orientierung bieten, sollte jedoch gleichzeitig flexibel genug sein, um künftige Entwicklungen nicht auszuschließen (Drucker 2007). Unternehmen, die ihren Zweck zu eng fassen, schränken ihre strategische Handlungsfähigkeit ein. BioNTech beispielsweise definiert seinen Unternehmenszweck als ‚Pionierarbeit bei der Entwicklung von Therapien gegen Krebs, Infektionskrankheiten und anderen schweren Erkrankungen' – eine präzise, aber dennoch anpassungsfähige Formulierung (BioNTech 2025). Demgegenüber bleiben vage Formulierungen – wie ‚Wir entwickeln innovative Lösungen für das Gesundheitswesen' – oft wirkungslos (Hamel & Zanini 2020). Ein zukunftsgerichtetes Unternehmen muss seinen Unternehmenszweck regelmäßig mit externen Einflüssen wie technologischen Enablern oder kundenspezifischen Entwicklungen abgleichen.

Die *Identität* eines Unternehmens beschreibt dessen strategisches Selbstbild und Positionierung. Sie manifestiert sich in der Markenkommunikation, im

2.1 Der Antrieb: DNA als Fundament

Produktdesign und in der Art und Weise, wie das Unternehmen sich nach außen präsentiert. Eine konsistente Identität stärkt das Vertrauen in die Marke und ermöglicht eine klare Differenzierung im Markt (Kapferer, 2012). Apple ist ein Beispiel für eine starke Identität, die durch Merkmale wie Minimalismus, Innovation und Benutzerfreundlichkeit geprägt ist (Apple 2013). Unternehmen mit einer unklaren Identität hingegen leiden häufig unter Glaubwürdigkeitsproblemen, welche innen und außen sichtbar werden. Wenn eine Organisation beispielsweise Innovation als zentralen Wert kommuniziert, aber eine veraltete Innovationsagenda pflegt, entsteht eine strategische Diskrepanz, die das Markenimage schwächt (Aaker 1991). Gerade in Zeiten der Digitalisierung und Plattformökonomie gewinnt die konsistente Identität eines Unternehmens an Bedeutung, da Kunden über digitale Plattformen eine unmittelbare Transparenz über Markenwerte und Unternehmensverhalten erhalten.

Die *Unternehmenskultur* ist das gelebte Verhalten innerhalb einer Organisation und beeinflusst Führung, Zusammenarbeit und Produktivität. Laut Edgar Schein (2010) besteht Kultur aus Grundannahmen, Werten, Normen und Artefakten, die das Verhalten innerhalb eines Unternehmens prägen. Netflix hat mit dem Leitprinzip „Doing the Best Work of Our Lives" eine Unternehmenskultur geschaffen, die auf einem hohen Maß an Vertrauen, individueller Eigenverantwortung und radikaler Transparenz basiert. Diese Kultur zielt darauf ab, ein Umfeld zu schaffen, in dem Exzellenz, Eigeninitiative und kontinuierliche Innovation systematisch gefördert werden (Netflix 2025). Im Gegensatz dazu wirken stark hierarchische Organisationen mit Mikromanagement oft demotivierend und bremsen Zukunftsfähigkeit aus (Laloux 2014). Die Gestaltung der Unternehmenskultur ist besonders relevant im Kontext der neuen Arbeitswelt. Die zunehmende Hybridisierung bzw. Remotisierung der Arbeit und die Notwendigkeit, sich an schnell verändernde Rahmenbedingungen anzupassen, erfordern eine Kultur der Offenheit und Anpassungsfähigkeit.

Die fünf Ebenen des unternehmerischen Antriebs – Vision, Purpose, Unternehmenszweck, Identität und Kultur – bilden die strategische DNA eines Unternehmens, siehe Tab. 2.1. Ihre Konsistenz entscheidet darüber, ob eine Organisation den Herausforderungen der digitalen Transformation und des gesellschaftlichen Wandels gewachsen ist. In einer zukunftsorientierten Unternehmensführung müssen diese fünf Ebenen systematisch reflektiert und dynamisch weiterentwickelt werden. Unternehmen, die diesen Ansatz verfolgen, schaffen nicht nur wirtschaftlichen Erfolg, sondern gestalten aktiv die Basis für ihre Zukunft.

Tab. 2.1 Der Antrieb im Überblick. (Quelle: eigene Darstellung)

Ebene	Definition	Wichtige Elemente	Wichtige Fragen für Unternehmen
Vision	Die Vision beschreibt das langfristige Zielbild eines Unternehmens und gibt die strategische Richtung vor. Sie dient als Orientierung für Mitarbeitende und Stakeholder und sollte inspirierend, motivierend und differenzierend sein.	Langfristige Orientierung, klare Richtung, Inspiration, Differenzierung im Markt	Wo wollen wir in zehn oder mehr Jahren stehen? Welche Zukunft gestalten wir? Was ist unser langfristiges Bild?
Purpose	Der Purpose beantwortet die Frage nach dem ‚Warum' der Existenz eines Unternehmens. Er geht über wirtschaftliche Ziele hinaus und stellt den sozialen oder ökologischen Beitrag des Unternehmens in den Mittelpunkt.	Sozialer oder ökologischer Mehrwert, emotionale Bindung, Authentizität, Langfristigkeit	Warum existieren wir über den wirtschaftlichen Erfolg hinaus? Welchen Beitrag leisten wir für Gesellschaft und Umwelt?
Unternehmenszweck	Der Unternehmenszweck beschreibt die rechtlich definierte Geschäftstätigkeit eines Unternehmens. Er gibt Stabilität und Orientierung, sollte jedoch flexibel genug sein, um zukünftige Entwicklungen nicht auszuschließen.	Rechtliche Rahmenbedingungen, Geschäftsgegenstand, strategische Flexibilität, Skalierbarkeit	Wie definieren wir unsere Geschäftstätigkeit rechtlich und operativ? Ist unsere Formulierung flexibel genug für zukünftige Entwicklungen?
Identität	Die Identität eines Unternehmens ist das strategisch definierte Selbstbild. Sie bestimmt, wie das Unternehmen sich selbst sieht und nach außen auftritt. Sie zeigt sich in der Markenkommunikation, im Produktdesign und in der Unternehmensstrategie.	Markenstrategie, Kommunikationsstil, Design, Selbstbild, Differenzierung	Wie möchten wir von Kunden, Partnern und Mitarbeitenden wahrgenommen werden? Welche zentralen Merkmale prägen unser Selbstbild?

(Fortsetzung)

Tab. 2.1 (Fortsetzung)

Ebene	Definition	Wichtige Elemente	Wichtige Fragen für Unternehmen
Kultur	Die Kultur ist das gelebte Verhalten innerhalb eines Unternehmens. Sie umfasst Werte, Normen und Führungsprinzipien und beeinflusst Zusammenarbeit, Entscheidungsprozesse und Innovationsfähigkeit.	Führungsstil, Zusammenarbeit, Entscheidungsprozesse, Innovationskultur, Mitarbeiterengagement	Wie arbeiten und interagieren wir im Unternehmen? Welche Werte und Normen bestimmen unser tägliches Verhalten? Fördert unsere Kultur Innovation und Zusammenarbeit?

2.2 Die Trends: Umfeld als Erfolgsfaktor

Unternehmen und gesellschaftliche Institutionen agieren in einem Umfeld, das durch kontinuierlichen Wandel und tiefgreifende Transformationen geprägt ist. Langfristige Megatrends, technologische Disruptionen und veränderte Werte beeinflussen Marktmechanismen, Konsumverhalten und regulatorische Rahmenbedingungen. Die Fähigkeit, externe Trends nicht nur zu erkennen, sondern diese auch aktiv in strategische Entscheidungsprozesse zu integrieren, entscheidet über langfristige Wettbewerbsfähigkeit und Krisenresistenz. Klassische Methoden, wie die PESTEL-Analyse, zerlegen Umweltfaktoren in isolierte Dimensionen, welche die Wechselwirkungen zwischen den Faktoren nicht berücksichtigt (Tewes 2025b). Trends sind jedoch keine isolierten Erscheinungen, sondern langfristige Strömungen, die Gesellschaft, Wirtschaft und Technologie miteinander verweben (Tewes 2020).

Ein holistischerer Ansatz ist das PWLG-Foresight-Model, das gesellschaftliche Entwicklungen als interdependente Prozesse versteht. Im Unterschied zu traditionellen Modellen betrachtet es die vier Subsysteme Politik, Wirtschaft, Legitimation und Gemeinschaft nicht als separate Einheiten, sondern als miteinander vernetzte Wirkmechanismen (Tewes et al. 2023; Opielka 2004). Die vier Steuerungsmedien – Macht, Geld, Wahrheit und Partizipation – formen nicht nur gesellschaftliche Dynamiken, sondern beeinflussen sich gegenseitig (Tewes 2025b). Dieser Ansatz ermöglicht es, Zukunftsstrategien abzuleiten und aktiv an der Gestaltung von Veränderungen mitzuwirken.

Die vier Ebenen der Trendanalyse
Politische Trends (P) setzen den Rahmen für gesellschaftliches und wirtschaftliches Handeln, indem sie Gesetze, Institutionen und Verwaltungsstrukturen prägen. Sie steuern die Verteilung von Macht und Ressourcen und beeinflussen die Stabilität der gesamten Gesellschaft. Bürokratische Prozesse sind dabei zentrale Mechanismen politischer Steuerung. Während effiziente Verwaltungsstrukturen soziale und wirtschaftliche Innovationen fördern können, führt eine übermäßige Bürokratie zu Wachstumshemmnissen (North 2012). Insbesondere die Digitalisierung staatlicher Verwaltungsprozesse verändert die Dynamik der Bürokratie grundlegend, indem sie den Zugang zu öffentlichen Leistungen erleichtert und regulatorische Prozesse beschleunigt (Dunleavy et al. 2011). Gleichzeitig beeinflussen internationale Beziehungen die wirtschaftlichen Rahmenbedingungen erheblich. Während multilaterale Handelsabkommen Märkte öffnen und Investitionen fördern, führen geopolitische Spannungen zu protektionistischen Maßnahmen, die

2.2 Die Trends: Umfeld als Erfolgsfaktor

globale Lieferketten unterbrechen und Investitionsentscheidungen beeinflussen (Rodrik 2011). Die Gesetzgebung als grundlegendes politisches Steuerungsinstrument definiert Steuer-, Arbeits- und Umweltvorschriften und hat damit direkte Auswirkungen auf unternehmerische Strategien und gesellschaftliche Entwicklungen. Gewaltenteilung bleibt ein essenzielles Prinzip zur Sicherstellung von ‚Checks and Balances' in politischen Systemen, indem sie Machtmissbrauch verhindert und langfristige Investitionssicherheit schafft (Acemoglu & Robinson 2013). Politische Instabilität und unzureichende Sicherheitsmaßnahmen bergen dagegen erhebliche gesellschaftliche Risiken, indem sie Unsicherheiten für Unternehmen, Bürgerinnen und Bürger erhöhen (Collier 2009). Das Sozialwesen als weitere politische Steuerungsebene bestimmt durch Rentensysteme und Gesundheitsversorgung die gesellschaftliche Ungleichheit und soziale Mobilität. Ihre Gestaltung beeinflusst sowohl Arbeitsmarktbedingungen als auch die Kaufkraft der Bevölkerung und damit langfristig die ökonomische Entwicklung (Esping-Andersen 1990).

Wirtschaftliche Trends (W) prägen in starkem Maße den gesellschaftlichen Wandel, indem sie technologische Innovationen, Kapitalströme und Konsumverhalten prägen. Die Digitalisierung führt zu einer fundamentalen Transformation von Wertschöpfungsketten und zwingt Unternehmen dazu, ihre Angebote und Geschäftsmodelle kontinuierlich an veränderte Marktbedingungen anzupassen. Neue Technologien wie künstliche Intelligenz und Robotik revolutionieren Arbeitsprozesse und führen zu einer Neudefinition von Mensch-Maschine-Interaktionen (Brynjolfsson & McAfee 2018). Diese Veränderungsdynamiken haben großen Einfluss auf die Beschäftigungsstand in einer Gesellschaft. Gleichzeitig gewinnen neue Finanzstrategien zunehmend an Bedeutung. Auch das Ressourcenmanagement wird zum kritischen Wettbewerbsfaktor, da die Verknappung natürlicher Rohstoffe und die Notwendigkeit nachhaltiger Produktionsprozesse neue Herausforderungen und Chancen schaffen. Technologie als Wirtschaftsmotor verändert Wertschöpfungsketten und gesellschaftliche Strukturen tiefgreifend. Innovationen – beispielsweise in den Bereichen künstliche Intelligenz, Blockchain-Technologie und Biotechnologie – ermöglichen zudem neue Marktmodelle und erfordern eine strategische Neuausrichtung von Unternehmen (Bostrom 2014).

Legitimatorische Trends (L) beeinflussen, welche Normen, Werte und Handlungsweisen als gesellschaftlich akzeptabel gelten. Ethische Normen spielen eine immer größere Rolle in wirtschaftlichen und politischen Entscheidungsprozessen. Unternehmen, die sich an nachhaltigen und sozialen Prinzipien orientieren, genießen eine höhere gesellschaftliche Akzeptanz und können langfristig ihr Vertrauen in der Öffentlichkeit stärken (Freeman et al. 2012). Grundannahmen, die tief in gesellschaftlichen Strukturen verwurzelt sind, bestimmen gesellschaftliche Entscheidungen maßgeblich. Während in europäischen Gesellschaften die Grundrechte prägend sind, stehen in anderen Kulturen religiöse Ansätze stärker im Fokus (Hofstede 2001). Wissenschaft spielt ebenfalls eine zunehmend zentrale Rolle in der gesellschaftlichen Legitimation. Erkenntnisse aus der Klimaforschung, Medizin oder künstlichen Intelligenz prägen politische Entscheidungsprozesse, wirtschaftliche Entwicklungen und sichern die Akzeptanz neuer Technologien (Jasanoff 2004). Gleichzeitig zeigt sich in Debatten über Fake News und alternative Fakten eine Krise der Legitimation, die öffentliche Institutionen und Unternehmen vor neue Herausforderungen stellt.

Gemeinschaftliche Trends (G) zeigen auf, wie sich soziale Strukturen verändern und welche Formen der Zusammenarbeit und Teilhabe entstehen. Bildung bleibt eine zentrale Säule der gesamtgesellschaftlichen Entwicklung, indem sie die wirtschaftliche Innovationskraft und soziale Mobilität stärkt (Hanushek & Woessmann 2008). Gesundheitssysteme sind nicht nur für die individuelle Lebensqualität, sondern auch für die wirtschaftliche Produktivität entscheidend. Gesellschaften mit funktionierenden Gesundheitssystemen weisen höhere Arbeitskraftbeteiligung und geringere Krankheitsausfälle auf (Marmot 2005). Die Kunst prägt die öffentliche Wahrnehmung und schaffen Diskursräume für Diskurse, während NGOs und zivilgesellschaftliche Organisationen als Akteure für soziale Innovationen und gesellschaftliche Transformation fungieren (Tremblay & Pilati 2013). Die Digitalisierung hat zudem die mediale Öffentlichkeit tiefgreifend verändert. Während klassische Medien lange Zeit die Meinungsbildung dominierten, sind heute soziale Netzwerke zentrale Plattformen für gesellschaftliche Debatten geworden. Zuletzt prägen Sport und Freizeit die gemeinschaftliche Dynamik und bieten einen wichtigen Beitrag zur Partizipation, Tab. 2.2.

Die Analyse von Trends erfordert eine klare Unterscheidung zwischen kurzfristigen und langfristigen Entwicklungen, da beide unterschiedliche Implikationen haben. Kurzfristige Trends, die sich über einen Zeitraum von ca. drei Jahren erstrecken, betreffen vor allem technologische Innovationen, Marktdynamiken oder regulatorische Anpassungen, die schnelle Reaktionen erfordern. Langfristige Trends hingegen, die mehr als zehn Jahre andauern, umfassen tiefgreifende gesamtgesellschaftliche Veränderungen, wie den demografischen Wandel, Klimaveränderungen oder geopolitische Verschiebungen. Diese Entwicklungen erfordern strategische Weitsicht, Investitionen in Zukunftstechnologien und nachhaltige Strukturen. Ein ausgewogenes Zusammenspiel beider Zeithorizonte ist entscheidend, um kurzfristige Chancen zu nutzen, ohne die langfristigen Herausforderungen aus dem Blick zu verlieren.

2.2 Die Trends: Umfeld als Erfolgsfaktor

Tab. 2.2 Die Trends im Überblick. (Quelle: eigene Darstellung)

Ebene	Definition	Wichtige Elemente	Wichtige Fragen für Unternehmen
Politik	Politische Trends setzen die regulatorischen und administrativen Rahmenbedingungen für gesellschaftliches und wirtschaftliches Handeln. Sie beeinflussen Institutionen, Gesetzgebung, Sicherheitsstrukturen und internationale Beziehungen.	Bürokratie, internationale Beziehungen, Gesetzgebung, Gewaltenteilung, Sicherheit, Sozialwesen	Welche politischen Regulierungen beeinflussen unser Handeln? Welche neuen Gesetzgebungen oder internationalen Abkommen sind für unsere Strategie relevant? Welche politischen Risiken bestehen in unseren Märkten?
Wirtschaft	Wirtschaftliche Trends bestimmen die Verfügbarkeit von Ressourcen, Kapitalströmen, Technologien und Arbeitsplätzen. Sie sind maßgeblich für gesellschaftlichen Wohlstand, Innovation und wirtschaftliche Stabilität.	Angebote, Beschäftigung, Finanzen, Innovation, Ressourcen, Technologie	Wie verändern technologische Innovationen und Marktmechanismen unsere Wertschöpfung? Wie beeinflussen Kapitalmärkte und Finanzierungsbedingungen unsere Investitionen? Wie können wir neue Geschäftsmodelle entwickeln?
Legitimation	Legitimationstrends bestimmen die gesellschaftliche Akzeptanz von Normen, Werten und Handlungsmustern. Sie umfassen ethische Prinzipien, kulturelle Überzeugungen, wissenschaftliche Erkenntnisse und Grundrechte.	Ethik, Grundannahmen, Grundrechte, Kultur, Religion, Wissenschaft	Welche moralischen Erwartungen bestehen an unser Unternehmen? Welche kulturellen oder religiösen Aspekte müssen wir in unseren Märkten berücksichtigen? Wie beeinflusst Wissenschaft unsere Branche?

(Fortsetzung)

Tab. 2.2 (Fortsetzung)

Ebene	Definition	Wichtige Elemente	Wichtige Fragen für Unternehmen
Gemeinschaft	Gemeinschaftliche Trends beeinflussen soziale Strukturen, Bildung, Gesundheit, Kunst und zivilgesellschaftliche Teilhabe. Sie prägen das Zusammenleben und die gesellschaftliche Integration.	Bildung, Gesundheit, Kunst, NGOs, Öffentlichkeit, Sport und Freizeit	Wie beeinflussen Bildungs- und Gesundheitssysteme die Verfügbarkeit von Fachkräften? Welche Trends prägen die öffentliche Wahrnehmung? Wie können wir unser Unternehmen in zivilgesellschaftliche Entwicklungen integrieren?

2.3 Die Kunden: Nachfrage als Notwendigkeit

In einer zunehmend vernetzten, digitalen und kompetitiven Welt müssen Unternehmen ihre strategische Ausrichtung konsequent vom Kunden aus denken. Wer in dieser Welt erfolgreich sein will, muss die Wirklichkeit der Kunden verstehen und seine Organisation systematisch auf diese ausrichten. Kundenfokus ist der Ausgangspunkt der Potenzialnutzung einer Organisation. In der folgenden Analyse werden fünf wesentliche Dimensionen einer zukunftsgerichteten Kundenorientierung beleuchtet.

Kunden sind keine homogene Masse. Wer ihnen gerecht werden will, muss die Vielfalt der Bedarfe, Erwartungen und Nutzungskontexte systematisch analysieren und verstehen. Die *Kundensegmentierung* ist der erste Schritt zur Wertschöpfung. Sie erlaubt es, den Markt in sinnvolle Teilmärkte zu gliedern und für jedes Segment ein spezifisches Wertangebot zu entwickeln (Kotler et al. 2017). Dabei geht es nicht mehr nur um demografische Merkmale, sondern um eine holistische Sicht auf Verhaltensmuster, Bedürfnisstrukturen, psychografische Dispositionen und Kontexte. Die Digitalisierung erlaubt eine immer feinere Mikrosegmentierung bis hin zum ‚Segment of One' (Strelow & Bürkle 2023). Dabei ist die Segmentierung der Kunden kein einmaliger Akt, sondern ein dynamischer Prozess. Kundenmärkte verändern sich, Bedürfnisse transformieren sich, Technologien schaffen neue Bezugspunkte. Unternehmen müssen deshalb ihre Segmentierungslogik regelmäßig überprüfen und anpassen. Der Vorteil liegt auf der Hand: Wer weiß, mit wem er es zu tun hat, kann relevanter kommunizieren, passender innovieren und gezielter Ressourcen einsetzen. Neue Ansätze nutzen KI-gestützte Verfahren, um Verhalten

2.3 Die Kunden: Nachfrage als Notwendigkeit

und Präferenzen in Echtzeit zu analysieren und dynamische Segmente zu schaffen (Wang et al. 2024)

Kundenzentrierung beginnt mit dem Verstehen. Dabei sind *Kundenbedürfnisse* nicht einfach Wunschvorstellungen, sondern Ausdruck tieferer Motivationen und Sinnstrukturen. Es geht darum, zu erkennen, was Kunden wirklich wollen – auch wenn sie es selbst nicht formulieren können. Latente Bedürfnisse, unausgesprochene Friktionen im Alltag oder implizite Erwartungen bieten oft den größten Erfüllungshebel. Das ‚Jobs-to-be-Done'-Denken hilft hier weiter (Christensen et al. 2016): Kunden kaufen keine Produkte, sondern Lösungen für Aufgaben in ihrem Leben. Wer diese Aufgaben versteht, kann radikal passgenaue Angebote entwickeln. Die Bedürfnisperspektive ist somit der Kompass unternehmerischer (Kunden-)Entscheidungen. Sie macht aus Produkten Lösungen und aus Dienstleistungen Erlebnisse. Unternehmen, die sich hierauf ausrichten, sind resilienter, weil sie auch in volatilen Märkten anschlussfähig bleiben.

Customer Experience (CX) ist mehr als ein Modewort. Sie ist der emotionale Resonanzraum, in dem Kunden das Unternehmen vollständig erleben. CX entsteht an jedem Touchpoint – in der Werbung, am Point of Sale, im Support, im Produkt. Sie ist subjektiv, kontextabhängig und vielschichtig (Lehnert & Kuehnl 2025). Entscheidend ist: Kunden bewerten nicht isolierte Kontakte, sondern das Zusammenspiel. Konsistenz, Relevanz und Emotion sind die Schlüsselkriterien für eine gelungene Experience. In einer Welt der Omnikanalität müssen Unternehmen nicht nur präsent sein, sondern orchestrieren. Sie müssen in der Lage sein, für jeden Kunden eine individuelle Customer Journey zu gestalten, die sich nahtlos an seine Bedürfnisse und Vorlieben anpasst. Personalisierung, Echtzeit-Reaktion und empathisches Design sind dabei keine Luxusoptionen, sondern Standardanforderungen (Lemon & Verhoef 2016). Customer Experience wird damit zur strategischen Ressource – zur Brücke zwischen Kundenerwartung und DNA.

Loyalität ist sind mehr als Wiederkauf. Sie ist Ausdruck einer Beziehung, die auf Vertrauen, Relevanz und Identifikation basiert. Kunden bleiben nicht, weil sie müssen, sondern weil sie wollen. Der Unterschied zwischen transaktionaler und emotionaler Bindung ist dabei entscheidend: Nur wer Kunden emotional berührt, schafft langfristige Treue (Mejía & Pérez 2024). Unternehmen müssen Loyalität aktiv gestalten: durch exzellente Serviceerlebnisse, durch transparente Kommunikation, durch relevante Angebote. Loyalty-Programme sind dabei nur ein Werkzeug unter vielen. Viel entscheidender ist die Haltung: Kundenorientierung als kulturelle Konstante. Es geht nicht um kurzfristige Anreize, sondern um den Aufbau eines Vertrauensraums, in dem Kunden sich gesehen, verstanden und wertgeschätzt fühlen. In Zeiten erhöhter Wechselbereitschaft ist Loyalität kein Zufall, sondern das Ergebnis systematischer Beziehungsarbeit (Hassan et al. 2025).

Der *Customer Lifetime Value* (CLV) macht deutlich, dass sich die Wirtschaftlichkeit von Kundenbeziehungen stark unterscheidet. Wer kundenfokussiert steuern will, braucht eine wertbasierte Sichtweise: Welche Kunden tragen wie zum Unternehmenserfolg bei – direkt (Käufe, Deckungsbeiträge) und indirekt (Weiterempfehlungen, Innovationsimpulse)? Der Kundenwert ist dabei nicht statisch, sondern dynamisch. Kunden entwickeln sich weiter und Unternehmen können den Kundenwert beeinflussen: durch Upselling, durch Cross-Selling, durch Services, die Kundenbindung und -nutzung erhöhen (Kumar & Reinartz 2016). CLV-orientiertes Denken hilft, Prioritäten zu setzen und Budgets smarter einzusetzen. Es fördert eine langfristige Perspektive, die kurzfristige Umsatzziele mit nachhaltiger Kundenentwicklung verbindet.

Auf die Kunden zu fokussieren ist keine operative Disziplin, sondern Ausdruck einer Haltung, eines Denkmodells, einer strategischen Grundausrichtung, basierend auf der organisationalen DNA. Wer Segmentierung, Bedürfnisverstehen, Customer Experience, Loyalität und Kundenwert integriert betrachtet, schafft ein robustes Fundament für zukunftsgerichtetes Handeln, siehe Tab. 2.3. Der Kunde ist nicht Objekt, sondern Subjekt der Wertschöpfung. Unternehmen, die dies erkennen und verinnerlichen, werden nicht nur wettbewerbsfähiger – sie werden relevanter.

2.4 Die Organisation: Herz als Schaltzentrale

Die Gestaltung von Organisationen im 21. Jahrhundert ist mehr denn je von hoher Komplexität, Dynamik und Unsicherheit geprägt. Organisationen sind keine starren Gebilde, sondern soziale Systeme, die in permanenter Wechselwirkung mit ihrer Umwelt stehen (Tewes et al. 2020). Die zentrale Aufgabe der Organisationsgestaltung besteht daher nicht allein im Aufbau von Effizienzstrukturen, sondern in der Entwicklung einer adaptiven, kompetenzbasierten und systemisch reflektierten Gestaltungslogik. Im Folgenden werden die fünf fundamentalen Aspekte der Organisation betrachtet, siehe Tab. 2.4.

Strukturen definieren die formale Ordnung innerhalb einer Organisation. Sie geben Antwort auf die Frage: ‚Wer entscheidet, wer tut, wer verantwortet?'. In der klassischen Organisationslehre dominiert das Bild der rational-bürokratischen Struktur (Weber 1922). Heutige Organisationen benötigen jedoch deutlich flexiblere Strukturformen, um auf Umweltveränderungen reagieren zu können. Struktur ist kein Ziel an sich, sondern ein Mittel zur Ermöglichung von Wertschöpfung und Anpassung. Der Strukturentwurf umfasst vertikale und horizontale Differenzierung, die Koordination durch Regeln, Programme, Pläne oder gegenseitige Abstimmung (Mintzberg 1979; Burton et al. 2020). In dynamischen Umwelten haben

Tab. 2.3 Die Kunden im Überblick. (Quelle: eigene Darstellung)

Ebene	Definition	Wichtige Elemente	Wichtige Fragen für Unternehmen
Segmentierung	Systematische Aufteilung des Marktes in homogene Kundengruppen mit ähnlichen Bedürfnissen	Verhaltens-, Bedürfnis- und psychografische Merkmale, dynamische Segmentierungslogik, Echtzeit-Analyse	Mit welchen Kundengruppen haben wir es zu tun und wie unterscheiden sie sich?
Bedürfnisse	Tieferliegende Motive und Erwartungen von Kunden – explizit und latent	Latente und explizite Bedürfnisse, Jobs-to-be-Done, Nutzerkontexte, Pain Points, Bedürfnis-Monitoring	Welche Probleme oder Aufgaben wollen unsere Kunden lösen – auch unausgesprochen?
Customer Experience	Gesamtheit aller Erfahrungen eines Kunden entlang seiner Kontaktpunkte mit einem Unternehmen	Touchpoints, Konsistenz, Personalisierung, Omnikanalität, emotionale Resonanz	Wie erleben Kunden unsere Marke über verschiedene Kanäle hinweg – wo entstehen Reibung oder Begeisterung?
Loyalität	Langfristige Bindung des Kunden auf Basis emotionaler, funktionaler und vertrauensbasierter Faktoren	Transaktionale vs. emotionale Bindung, Markenbindung, Community-Effekte, Vertrauen	Wie können wir emotionale Bindung fördern und Kunden zu aktiven Fürsprechern machen?
CLV	Prognostizierter ökonomischer Wert eines Kunden über die gesamte Geschäftsbeziehung hinweg	Deckungsbeiträge, Retentionraten, Upselling, prädiktive Modellierung, Machine Learning	Wie viel Wert generiert ein Kunde langfristig – und wie lässt sich dieser gezielt steigern?

sich organische, netzwerkartige und agile Strukturen in verschiedenen Kontexten bewährt. Relevant ist unabhängig, dass keine starre Hierarchie, sondern die eigene Handlungsfähigkeit der Organisationsmitglieder gefördert wird (Langholf & Wilkens 2021). Die Struktur ist also zugleich Ausdruck und Ermöglichung eines systemischen Verständnisses von Organisation.

Prozesse sind das ‚Wie' der Organisation. Sie definieren die Abfolge wertschöpfender Aktivitäten – vom Input zum Output. Die Prozessorientierung stellt eine Abkehr von der funktionsorientierten Sichtweise dar und rückt die Kundenperspektive sowie Querschnittszusammenhänge in den Fokus (Becker et al. 2012). Organisationen sind heute als prozessuale Systeme zu begreifen, in denen

Tab. 2.4 Die Organisation im Überblick. (Quelle: eigene Darstellung)

Ebene	Definition	Wichtige Elemente	Wichtige Fragen für Unternehmen
Strukturen	Formale Ordnung der Organisation, die Rollen, Zuständigkeiten und Entscheidungswege definiert	Hierarchieebenen, Verantwortlichkeiten, Koordinationsmechanismen, Organigramme	Ermöglicht unsere Struktur schnelle Entscheidungen, klare Verantwortung und strategische Anpassungsfähigkeit?
Prozesse	Abfolge wertschöpfender Aktivitäten vom Input zum Output in Kunden- und Geschäftsprozessen	Kernprozesse, Prozessschnittstellen, Standardisierung vs. Flexibilität, Kundenzentrierung	Wie effizient und kundenorientiert sind unsere Prozesse? Wo bestehen Engpässe oder Reibungsverluste?
Kompetenzen	Fähigkeit der Organisation, Wissen und Erfahrung in zielgerichtetes Handeln zu überführen	Kernkompetenzen, Aus- und Weiterbildung, Wissensmanagement, kollektive Erfahrung	Welche Kompetenzen sind erfolgskritisch? Wie sichern und entwickeln wir sie nachhaltig?
Systeme	Strukturierte Kommunikations-, Entscheidungs- und Steuerungsmuster innerhalb der Organisation	Entscheidungsregeln, Kommunikationssysteme, Steuerungslogiken, Managementsysteme	Wie gut vernetzt und responsiv sind unsere Systeme in Bezug auf Steuerung und Entscheidungsfindung?
Ressourcen	Materielle, immaterielle und personelle Mittel, mit denen Organisationen Ziele erreichen	Finanzielle Mittel, Humanressourcen, Daten, Technologien, immaterielle Assets	Nutzen wir unsere Ressourcen zielgerichtet und synergetisch im Sinne unserer langfristigen Wertschöpfung?

2.4 Die Organisation: Herz als Schaltzentrale

Permanenz und Wandel in produktivem Spannungsverhältnis stehen. Im Sinne von Weick (1979) ist Organisieren ein kontinuierlicher Prozess von ‚Sensemaking', also der Deutung und Bearbeitung von Komplexität. Prozesse sind dabei nicht nur technokratische Abläufe, sondern auch soziale Konstruktionen. Prozessgestaltung bedeutet daher auch: Abstimmung, Kommunikation, Schnittstellenkompetenz und Fehlerfreundlichkeit. Die Leistungsfähigkeit einer Organisation hängt entscheidend davon ab, wie fluide, adaptiv und kundenzentriert ihre Prozesse gestaltet sind (Hammer & Champy 1993).

Kompetenzen beschreiben Wissen, Fähigkeiten und Erfahrungen in wertschöpfende Handlungen zu übersetzen. Im Zentrum steht dabei die Idee der Kernkompetenzen, die als strategische Erfolgsfaktoren schwer imitierbar, breit einsetzbar und kundennutzenorientiert sind (Prahalad & Hamel 1990). Organisationale Kompetenz entsteht nicht durch Einzelne, sondern im Zusammenspiel vieler: Sie ist ein kollektives Vermögen, das sich durch Lernen, Feedback, Reflexion und Erfahrung entwickelt. In systemischer Perspektive sind Kompetenzen nicht nur ‚Haben', sondern vor allem ‚Werden'. Sie entstehen durch kontinuierliches organisationales Lernen und die Fähigkeit zur Selbstveränderung (Argyris & Schön 1978). Kompetenzentwicklung wird damit zur strategischen Kernfunktion der Organisation. Die Förderung von Lernprozessen, Feedbacksystemen und Erfahrungsräumen ist zentral, um eine zukunftsfähige Organisation aufzubauen (Senge 2006).

Systeme im organisationalen Kontext sind geregelte Muster der Entscheidungs- und Kommunikationsprozesse (Ackoff 1994). Im Sinne von Luhmann (1984) sind Organisationen nicht durch Menschen, sondern durch Entscheidungsprogramme konstituiert. Systeme strukturieren die Komplexität des Organisierens durch Regeln, Informationsflüsse und Entscheidungslogiken (Schreyögg & Sydow 2010). Systeme im Unternehmen sind beispielsweise Planungssysteme, IT-Systeme oder Managementsysteme. Sie ermöglichen Standardisierung, Transparenz und Konsistenz; dürfen jedoch kein Selbstzweck sein. Ihre Qualität zeigt sich daran, inwieweit sie die organisationale Sinn- und Wertschöpfungslogik unterstützen.

Ressourcen sind die Mittel, mit denen Organisationen ihre Ziele erreichen. Der Ressourcentheorie folgend, verschaffen besonders jene Ressourcen einen Wettbewerbsvorteil, die wertvoll, selten, schwer imitierbar und organisatorisch verankert sind (VRIO-Kriterien) (Barney 1991). Ressourcen umfassen materielle Mittel (z. B. Kapital, Infrastruktur), immaterielle Werte (z. B. Markenimage, Daten) sowie personelle Potenziale. Entscheidend ist jedoch nicht die Ressourcenausstattung an sich, sondern die Fähigkeit zur intelligenten Ressourcennutzung. Ressourcen müssen gebündelt, verknüpft und entlang strategischer Ziele mobilisiert werden (Grant 2021). Eine Organisation sollte sich daher nicht nur darauf konzentrieren, was sie besitzt, sondern auch überlegen, was sie daraus machen kann. Die Kombination von

Ressourcen mit Prozessen, Kompetenzen, Systemen und Strukturen ist letztlich das, was Organisationen leistungsfähig, wandlungsfähig und schließlich zukunftsfähig macht.

Organisationen sind keine Maschinen, sondern lebendige, sich entwickelnde technosoziale Systeme. Ihre Gestaltung erfordert ein tiefes Verständnis für die Wechselwirkungen. Eine moderne Organisation muss daher integrativ, reflexiv und lernorientiert sein. Wer Organisationen gestalten will, muss sie als dynamisches Zusammenspiel von formaler Ordnung und emergenter Selbststeuerung verstehen.

2.5 Die Partner: Netzwerk als Ergänzung

Die systemische Betrachtung der Organisation verlangt nach einem erweiterten Verständnis von Beziehungen. Organisationen sind keine isolierten Akteure, sondern eingebettet in komplexe Beziehungsgefüge, die durch Interdependenz, Dynamik und Ko-Evolution geprägt sind. Für die zukunftsfähige Gestaltung von Organisationen gewinnen Partnerbeziehungen zunehmend an Relevanz. Fünf Konzepte markieren dabei die zentralen Perspektiven, siehe Tab. 2.5.

Kollaboration beschreibt mehr als nur Kooperation: Es handelt sich um ein bewusst strukturiertes, langfristig orientiertes Zusammenwirken zwischen Organisationen mit dem Ziel, gemeinsame Wertschöpfungspotenziale zu realisieren. Im Unterschied zur klassischen arbeitsteiligen Kooperation basiert Kollaboration auf geteilten Zielen, gegenseitiger Abhängigkeit und einer gemeinsamen Entscheidungslogik. Die Relational View von Dyer & Singh (1998) belegt, dass Wettbewerbsvorteile nicht nur auf internen Ressourcen basieren, sondern durch relationale Vermögenswerte gemeinsam entstehen. Der Aufbau relationaler Renten erfordert dabei relationale spezifische Investitionen, abgestimmte Wissensroutinen und eine Governance-Struktur, die Vertrauen und gegenseitige Verpflichtung fördert. Neuere Studien wie von Järvi, Almpanopoulou & Ritala (2018) heben zudem hervor, dass Kollaboration zunehmend als dynamischer Entwicklungsprozess begriffen werden muss, der auf Anpassungsfähigkeit und kontinuierlicher Beziehungspflege basiert. Kollaboration ist somit kein additiver Prozess, sondern ein integrativer Pfad der Wertgenerierung.

Business-*Ökosysteme* veranschaulichen das Prinzip der Ko-Evolution in komplexen Umwelten. Sie bezeichnen lose gekoppelte, aber strategisch koordinierte Systeme von Unternehmen, Institutionen und Individuen, die gemeinsam Wert schaffen (Riasanow et al. 2020). Dabei stehen nicht hierarchische Steuerung, sondern modulare Architekturen und offene Schnittstellen im Vordergrund (Adner 2017). Die Ökosystemtheorie integriert netzwerk-, innovations- und ressourcentheoretische

2.5 Die Partner: Netzwerk als Ergänzung

Tab. 2.5 Die Partner im Überblick. (Quelle: eigene Darstellung)

Ebene	Definition	Wichtige Elemente	Wichtige Fragen für Unternehmen
Kollaboration	Strukturierte, zielgerichtete Zusammenarbeit zwischen Organisationen zur gemeinsamen Wertschöpfung	Geteilte Ziele, gegenseitige Abhängigkeit, Governance-Strukturen, relationale Ressourcen	Wie kann gemeinsame Wertschöpfung organisiert und abgesichert werden?
Ökosysteme	Dynamisches, offenes Netzwerk aus Akteuren, die gemeinsam in Plattformstrukturen Wert generieren	Plattformlogik, Ko-Evolution, modulare Architektur, Keystone-Akteure, Komplementarität	Welche Rolle nimmt das Unternehmen im Ökosystem ein und wie wird Governance gestaltet?
Coopetition	Gleichzeitige Kooperation und Wettbewerb zwischen Unternehmen zur Erzielung von Synergien	Wettbewerbsdynamik, Vertrauen, Schutzmechanismen, gemeinsame Interessen, Wissensaustausch	In welchen Bereichen ist Kooperation mit Wettbewerbern sinnvoll und wie werden Risiken gemindert?
Netzwerke	Soziales und organisatorisches Geflecht zwischen Unternehmen zur gemeinsamen Problemlösung und Innovation	Vertrauen, geteilte Normen, Netzwerk-Governance, soziale Einbettung	Welche Netzwerkform ist geeignet und wie kann Vertrauen nachhaltig aufgebaut werden?
Stakeholder	Alle Gruppen oder Individuen, die von Unternehmensaktivitäten betroffen sind oder diese beeinflussen	Legitimität, Partizipation, Anspruchsvielfalt, Verantwortung	Welche Stakeholder sind relevant und wie kann deren Einbindung strategisch erfolgen?

Ansätze: Wert wird nicht mehr linear entlang einer Kette geschaffen, sondern emergent im Zusammenspiel vielfältiger Akteure. Die Rolle des ‚Keystone Players' betont die Verantwortung zentraler Akteure für die Stabilität und Innovationsfähigkeit des gesamten Systems (Iansiti & Levien 2004). Aktuelle Forschung wie von Jacobides et al. (2018) zeigt zudem, dass Ökosysteme nicht nur durch Komplementarität, sondern auch durch Governance-Design und Marktarchitekturen geprägt werden. Organisationen, die sich in Ökosystemen bewegen, müssen sich somit nicht nur strategisch, sondern auch kulturell und prozessual auf Offenheit, Resilienz und dynamische Anpassung ausrichten.

Coopetition bezeichnet das gleichzeitige Auftreten von Kooperation und Wettbewerb zwischen Unternehmen (Brandenburger & Nalebuff 1996). Dieser konzeptionelle Dualismus hebt sich von traditionellen Dichotomien ab und erlaubt es, durch selektive Zusammenarbeit in bestimmten Bereichen (z. B. Forschung, Infrastruktur) gemeinsame Vorteile zu erzielen, während in anderen Bereichen weiterhin Wettbewerb herrscht. Studien zeigen, dass Coopetition vor allem in High-Tech-Sektoren, bei Standardisierungsprozessen und in dynamischen Märkten von Vorteil ist. Neuere Arbeiten, etwa von Gast et al. (2019), beleuchten zudem, wie Coopetition systematisch Innovationsprozesse beschleunigen kann und in Plattformkontexten zu hybriden Wertschöpfungsmodellen führt. Die Governance solcher Beziehungen verlangt hohe Professionalität, insbesondere in Bezug auf Vertragsgestaltung, Wissensmanagement und ethische Integrität.

Netzwerke repräsentieren Beziehungsgeflechte, die auf Vertrauen, Reziprozität und geteilten Normen basieren. Sie ermöglichen Ressourcenzugang, Innovationskooperation und kollektive Problemlösung. Granovetters (1985) Konzept der sozialen Einbettung (Embeddedness) verdeutlicht, dass wirtschaftliches Handeln stets in sozialen Kontexten verankert ist. Netzwerke sind daher nicht nur ökonomische Strukturen, sondern tragen symbolisches und institutionelles Kapital. Die Wahl geeigneter Governance-Formen im Netzwerk beeinflusst die Effizienz und Legitimität der Zusammenarbeit (Provan & Kenis 2008). Neuere Ansätze betonen die Bedeutung von Netzwerkdynamiken für die Resilienz und Anpassungsfähigkeit von Organisationen in krisenhaften Kontexten (Weick & Sutcliffe 2015).

Stakeholder sind all jene Akteure, die legitime Ansprüche an das Unternehmen stellen oder durch dessen Handeln betroffen sind (Freeman 1984). Die Stakeholder-Theorie erweitert das Unternehmensziel von Shareholder-Value zur Wertgenerierung für alle relevanten Anspruchsgruppen. Damit wird Verantwortung zur systemischen Kategorie: Wer nicht nur wirtschaftliche, sondern auch soziale, ökologische und kulturelle Wechselwirkungen integriert, schafft eine tragfähige Grundlage für Zukunftsfähigkeit. Besonders in Multi-Stakeholder-Partnerschaften zeigt sich die Relevanz dialogischer und partizipativer Beziehungsgestaltung. Neuere Weiterentwicklungen der Stakeholder-Theorie heben hervor, dass Unternehmen durch proaktive Stakeholder-Einbindung Innovation, Vertrauen und gesellschaftliche Legitimität fördern können (Freeman et al. 2012).

Die Qualität von Partnerbeziehungen ist ein zentraler Indikator für organisationale Resilienz. Kollaboration, Ökosysteme, Coopetition, Netzwerke und Stakeholder stellen keine additiven Elemente dar, sondern formen ein holistisches System unternehmerischer Vernetzung. Zukunftsorientierte Organisationen entwickeln eine neue Partnerkompetenz: Sie kultivieren Vertrauensroutinen, balancieren Wettbewerb und Kooperation, orchestrieren Netzwerke und verstehen Stakeholder als Mitgestalter.

2.6 Das Angebot: Lösung als Mehrwert

In einer sich tiefgreifend verändernden Wirtschaftswelt stellt sich für Unternehmen nicht mehr nur die Frage, was sie anbieten, sondern wie sie in der Lage sind, ein konsistentes, bedürfnisorientiertes und zukunftsfähiges Wertangebot zu gestalten. Klassische Angebotslogiken, die sich auf das physische Produkt konzentrieren, sind längst nicht mehr ausreichend. Vielmehr ist das unternehmerische Angebot ein mehrdimensionales Konstrukt. Dabei fokussiert sich die Angebotsdimension auf vier zentrale Ebenen, siehe Tab. 2.6.

Tab. 2.6 Das Angebot im Überblick. (Quelle: eigene Darstellung)

Ebene	Definition	Wichtige Elemente	Wichtige Fragen für Unternehmen
Produkte	Physische Artefakte zur Bedürfnisbefriedigung; oft materiell, greifbar, übertragbar	Funktion, Qualität, Design, physische Eigenschaften, Individualisierbarkeit	Wie differenzieren wir unser Produkt im Markt? Welche Zusatzwerte sind integrierbar?
Dienstleistungen	Immaterielle Leistungen, die durch Interaktion und Prozesse Nutzen stiften	Serviceprozess, Fähigkeiten, Qualitätssicherung, Kundeninteraktion	Wie gestalten wir den Serviceprozess effizient und kundenzentriert?
Informationen	Daten mit Kontext, die im Rahmen eines Angebots genutzt werden, um Orientierung, Entscheidungshilfe oder zusätzlichen Nutzen zu bieten	Datenerhebung, Analyse, Interpretation, Kontextualisierung	Welche Informationen sind für unsere Kunden wertvoll? Wie sichern wir Datenqualität?
Plattformen	Digitale Infrastrukturen, die Interaktionen zwischen mehreren Akteursgruppen ermöglichen	Netzwerkeffekte, Matching-Mechanismen, API-Schnittstellen, Community Management	Welche Akteure vernetzen wir? Welchen Mehrwert schaffen wir durch Plattformlogik?

Produkte bilden den historischen und funktionalen Kern unternehmerischer Wertangebote. Als physische Artefakte stellen sie in vielen Branchen die Grundlage der Leistungserstellung dar (Kotler et al. 2017). Doch Produkte haben sich gewandelt: Während früher das Produkt als abgeschlossenes Gut mit klaren Leistungsgrenzen galt, ist es heute zunehmend Träger von Service- und Informationswerten. Produkte werden digital augmentiert, modularisiert und kundenindividuell konfigurierbar gemacht (Weill & Woerner 2018). In der Ressourcentheorie werden sie als potenziell strategische Ressourcen verstanden, sofern sie selten, wertvoll, schwer imitierbar und organisationale nutzbar sind (Barney 1991). Doch allein genügt das nicht: Ein innovatives Produkt ohne begleitende Serviceinfrastruktur wirkt aus Kundensicht zunehmend unvollständig.

Dienstleistungen galten lange als Zusatzleistung zum Produkt. Heute stehen sie vielfach im Zentrum des Angebots. Die Service-Dominant Logic argumentiert, dass alle wirtschaftlichen Tätigkeiten auf Dienstleistungserbringung hinauslaufen, auch wenn sie in Produkten materialisiert sind (Vargo & Lusch 2004). Dienstleistungen schaffen Nutzen durch Prozesse, durch Expertise und durch individuelle Interaktion. Unternehmen, die auf Service setzen, erweitern ihr Angebotsportfolio in Richtung Kundenbindung, kontinuierlicher Wertschöpfung und Differenzierung. Besonders relevant sind hybride Leistungsbündel, die Produkt und Service integriert kombinieren (Ulaga & Reinartz 2011). Die Transformation liegt in der Auflösung der Grenze zwischen Sachgut und Dienstleistung zugunsten eines lösungsorientierten Angebotsdenkens.

In einer wissensbasierten Ökonomie sind *Informationen* nicht nur Transaktionshilfe, sondern eine eigenständige Angebotsebene. Ob als Bestandteil digitaler Produkte, als datenbasierter Dienst oder als separate Leistung (z. B. Beratung, Analyse) – Information schafft Orientierung, reduziert Unsicherheit und ermöglicht fundierte Entscheidungen (Shapiro & Varian 1999; McAfee & Brynjolfsson 2017). In der digitalen Ökonomie sind Informationen also zunehmend der primäre Träger von Wert, etwa in Form von Data-as-a-Service, KI-gestützter Empfehlungssysteme oder automatisierter Entscheidungslogik. Wer Informationen in das Angebot integriert, erschließt neue Nutzenpotenziale und schafft die Grundlage für personalisierte, adaptive Leistungen.

Plattformmodelle überschreiten die Logik linearer Wertschöpfung. Sie schaffen Ökosysteme, in denen Wert durch Zusammenführung entsteht. Plattformen vermitteln, orchestrieren, skalieren. Sie stellen eine digitale Infrastruktur bereit, auf der verschiedene Akteure (Kunden, Anbieter, Entwickler) miteinander agieren können (Parker et al. 2016a). In der Plattformlogik ist das Angebot nicht mehr statisch, sondern ein dynamisches Netzwerkpotenzial. Netzwerkeffekte, Datenrückflüsse und Community Building werden Teil des Wertversprechens (Parker et al. 2016b).

Unternehmen, die Plattformen aufbauen, verschieben die Wertlogik: vom Produzenten zum Ermöglicher. Damit wird nicht nur das Angebot, sondern auch das Selbstverständnis des Unternehmens transformiert.

Die vier Angebotsdimensionen sind nicht isoliert zu betrachten. Zukunftsfähige Angebote entstehen durch ihre Integration. Ein Produkt ohne Service verliert Anschluss. Ein Service ohne Informationsgrundlage verliert Tiefe. Eine Plattform ohne Produktwert verliert Relevanz. Unternehmen müssen lernen, Angebotsarchitekturen systemisch zu denken und entlang der Bedürfnisse und Nutzungskontexte ihrer Kunden zu gestalten. Die Theorie der Service-Dominant Logic (SDL) bietet ein integrierendes theoretisches Fundament, indem sie Wertschöpfung als kokreativen, interaktiven Prozess zwischen Anbieter, Nachfrager und weiteren Akteuren im Nutzungskontext begreift. Das Value Proposition Design wiederum bietet ein Werkzeug, um Wertangebote im Kontext der gesamten Geschäftslogik abzubilden (Osterwalder et al. 2015). Und nicht zuletzt zeigt die Praxis: Nur wer sein Angebot kontinuierlich transformiert, bleibt anschlussfähig in einer dynamischen Welt.

2.7 Die Entwicklung: Spiegel als Erkenntnisquelle

In sich andauernden veränderten Rahmenbedingungen wird die Entwicklung zu einer strategischen Schlüsselaufgabe. Entwicklung meint dabei nicht bloß Fortschritt im Sinne inkrementeller Verbesserung, sondern eine organisationale Logik, die externe Impulse produktiv aufnimmt und in strukturverändernde Prozesse überführt. Sie bezieht sich darauf, dass Außen als Organisation zu erfassen und zielgerichtet eine interne Wirkung herzustellen. Dazu werden vier integrale Dimensionen systemischer Entwicklung adressiert, siehe Tab. 2.7.

Kanäle sind mehr als technische Übertragungswege – sie sind institutionelle Formen für Entwicklung. In der Praxis unterscheiden sich Kanäle nach Formalität (formell/informell), Richtung (top-down/bottom-up/lateral) und Medienlogik (analog/digital) (Monge & Contractor 2003; Scott 2008). Während traditionelle Organisationen auf lineare Kanäle angewiesen waren, nutzen adaptive Organisationen heute multidirektionale Kanäle, die über soziale Netzwerke, digitale Dashboards und kollaborative Plattformen orchestriert sind (Davenport & Harris 2017). Moderne Entwicklung aus Kanälen entsteht insbesondere durch den Einsatz von Technologien wie Employee Experience Platforms, Pulsbefragungen in Echtzeit, Natural Language Processing zur Stimmungsanalyse oder KI-gestützte Interpretation auf Basis großer Textmengen. Eine rein technologische Verfügbarkeit von Kanälen garantiert noch keine Erkenntnisqualität. Um wirksam Erkenntnisse aus den

Tab. 2.7 Die Entwicklung im Überblick. (Quelle: eigene Darstellung)

Ebene	Definition	Wichtige Elemente	Wichtige Fragen für Unternehmen
Kanäle	Strukturelle und mediale Infrastruktur, umfasst formelle, informelle und digitale Kommunikationswege	Kommunikationsstruktur, Kanaldichte, Digitalplattformen, Echtzeitfähigkeit, Zugänglichkeit	Welche Kanäle stehen zur Verfügung? Wie werden sie genutzt?
Feedback	Zirkuläre Rückmeldung über die Wirkung organisationaler Handlungen	Rückmeldungsform, Frequenz, Kontextualisierung, Verwertbarkeit, Resonanzfähigkeit, Feedbackkompetenz	Wie wird Feedback aufgenommen, verarbeitet und genutzt? Ist es reaktiv oder transformativ? Wie ist die Feedbackkultur ausgeprägt?
Interdependenz	Systemische Verflechtung von Wirkmechanismen, bei der externe Einflüsse innere Strukturen und Prozesse beeinflussen	Vernetzungsstruktur, Systemgrenzen, Multiperspektivität, Kopplungsdichte, Rückwirkungsverläufe	Welche wechselseitigen Wirkungen bestehen zwischen Organisationseinheiten und Systemen? Welche Interdependenzen bleiben unbeachtet?
Lernen	Lernen ist der Prozess, in dem individuelles Wissen durch Rückkopplung, gemeinsame Reflexion und Strukturverankerung in kollektive Organisationserkenntnis überführt wird	Single-/Double-/Triple-Loop-Lernen, Reflexionsräume, Lernformate, Individualität	Wie lernt die Organisation (und nicht nur einzelne Menschen)? Welche Schleifen sind etabliert? Wo geht Feedback verloren? Welche strukturellen Lernräume bestehen?

2.7 Die Entwicklung: Spiegel als Erkenntnisquelle

Kanälen zu ziehen, braucht es psychologische Sicherheit, Vertrauensanker und Entwicklungsrahmen (Edmondson 1999). *Feedback* ist keine lineare Rückmeldung, sondern ein zirkulärer Steuerungsimpuls, der in komplexen Systemen emergente Wirkung entfaltet. Es wirkt als Trigger für Selbstbeobachtung, indem Systeme die Differenz zwischen intendierter und faktischer Wirkung rückmelden und so Steuerungsprozesse dynamisieren (Ashby 1956). Feedback gilt als zentraler Mechanismus organisationaler Entwicklung, da es kollektive Reflexion und Anpassungen anstößt (Argyris & Schön 1995). Organisationales Feedback – etwa aus Kundeninteraktionen, Marktanalysen oder internen Audits – unterstützt das Erkennen von blinden Flecken und die Adaption organisationaler Routinen (Senge 2006). In Organisationen ist hierbei die Identifikation von Signalen über Umweltveränderungen und deren Umwandlung in strategische Transformation entscheidend. Fehlende organisationale Feedbackschleifen behindern hingegen organisationales Lernen und Innovationsfähigkeit.

Organisationen operieren heute zunehmend in vernetzten Systemen statt in geschlossenen Wertschöpfungsketten. Damit entstehen interorganisationale Effekte, die klassische Steuerungsmodelle überfordern (Weber et al. 2019). *Interdependenz* bedeutet hier, dass jede Rückmeldung nicht nur systemintern, sondern auch systemübergreifend wirkt – z. B. entlang von Plattformarchitekturen, regulatorischen Kreisen oder Kundenbewegungen. Interdependenz verlangt die Fähigkeit, Auswirkungen nicht nur entlang von Linienhierarchien, sondern quer über Funktions- und Systemgrenzen hinweg zu interpretieren und zu entwickeln (Schilling & Phelps 2007). Der Shift vom Silo- zum Netzwerkdenken ist damit auch ein Shift vom linearen zum rekursiv-adaptiven Modell. Erfolgreich sind Organisationen, die Auswirkungen von anderen Systemen auf das eigene technosoziale System einschätzen und interne Anschlussfähigkeit herstellen (Tewes & Muschiol 2024).

Der Entwicklungsmotor für organisationalen Fortschritt und Wandel bildet das organisationale *Lernen*. In einer lernenden Organisation erfolgt Lernen nicht als Reaktion auf Defizite, sondern als antizipative Auseinandersetzung mit zukünftigen Möglichkeitsräumen (Senge 2006). Untersuchungen zeigen, dass lernende Organisationen verschiedene Rückkopplungssysteme etablieren: Learning Sprints, metareflexive Praktiken (z. B. Double- und Triple-Loop-Feedback) und Peer-based Netzwerke (Argyris & Schön 1978; Edmondson 1999). Im Rahmen von Lernökosystemen 4.0 entstehen hochgradig individualisierte, situative Lernpfade, bei denen Rückkopplung automatisiert (z. B. durch Lernanalytik) oder sozial (z. B. über Communities of Practice) erfolgen kann. Dabei wird Lernen zu einem ‚System--Evolutor', nicht nur zu einem Performance-Katalysator. Lernen muss dabei strukturell verbindlich verankert sein, z. B. durch Learning KPIs, Reflexionsfenster in

Steuerungsprozessen und Entscheidungsschleifen mit Rückbezug zu früherem Feedback.

Entwicklung wird zunehmend zur Bedingung adaptiven Organisationsdesigns (Rüegg-Stürm & Grand 2019). Die vier benannten vier Ebenen bedingen sich dabei wechselseitig. Organisationen, die Rückkopplung nicht nur reaktiv oder individuell betreiben, sondern systemisch in der gesamten Organisation verankern, entwickeln sich zur lernfähigen, resilienten und resonanten Einheit. Zukunftsfähige Unternehmen begreifen Entwicklung nicht als Instrument oder Maßnahme, sondern als aktive Handlung: eine permanente Schleife von Wahrnehmung, Interpretation, Kommunikation und Transformation – eingebettet in die Steuerungsarchitektur einer sich selbst erneuernden Organisation.

Die Anwendung des Future Models 3

Zukunft entsteht nicht im Denken allein, sondern in der konkreten Gestaltung. Das Future Model wird nachfolgend als systemischer Handlungsrahmen für die aktive Gestaltung von Zukunft beschrieben – adaptiv, kontextbasiert und zirkulär strukturiert. Im Mittelpunkt stehen zwei zentrale Systeme: das *Strategiesystem* (Abschn. 3.1), welches strategische Orientierung in komplexen Kontexten ermöglicht, und das *Transformationssystem* (Abschn. 3.2), welches Veränderung als kontinuierlichen, iterativen Prozess versteht. Beide Systeme verschmelzen zu einem *integrativen Zukunftsmodell.*

3.1 Strategiesystem

Zukunftsorientierte Organisationen benötigen ein System, das nicht auf linearen Prognosen, sondern auf Adaptivität, Selbstbeobachtung und systemischer Kohärenz basiert. Das Strategiesystem des Future Model bietet hierfür ein integratives Framework. Es kombiniert die wichtigsten organisationalen Kontexte (Kap. 2) mit der zugehörigen Phasendynamik (Abschn. 1.2). Die Besonderheit: Strategie wird nicht als separater Planungsprozess, sondern als lebendiges System verstanden – eingebettet in komplexe Wechselwirkungen zwischen Innen und Außen sowie normativem, strategischem und operativem Management.

Strategische Lagebild
Im Zentrum des Strategiesystems steht das strategische Lagebild. Es beschreibt die Gesamtheit aller organisationalen Kontexte. Anders als klassische Strategieanalysen folgt das Lagebild einem systemischen Verständnis: Es betrachtet

Organisationen als rückgekoppelte Systeme, die mit ihrer Umwelt in wechselseitiger Resonanz stehen. Das Lagebild umfasst sieben Kontexte: Antrieb, Trends, Kunden, Organisation, Partner, Angebot und Entwicklung (Kap. 2). Die Anordnung im Rautenmodell symbolisiert ihre Gleichwertigkeit und systemische Verknüpfung: Kein Kontext ist hierarchisch über- oder untergeordnet – vielmehr entsteht Zukunftsfähigkeit durch das Zusammenspiel der Teile – mit der Organisation als Schaltzentrale. Ziel des Lagebilds ist es, die Komplexität der Gegenwart so differenziert zu erfassen, dass eine strategisch anschlussfähige Auseinandersetzung mit der Zukunft möglich wird. Es stellt damit den Ausgangspunkt für die Konkretisierung von Handlungsfeldern dar, siehe Abb. 3.1.

Perspektivität im Future Model
Besondere Wirkkraft entfaltet das strategische Lagebild durch die Unterscheidung von Innen- und Außenkontexten. Innenkontexte umfassen den *Antrieb* als Ausdruck normativer Orientierung, die *Organisation* als strukturelles und prozessuales

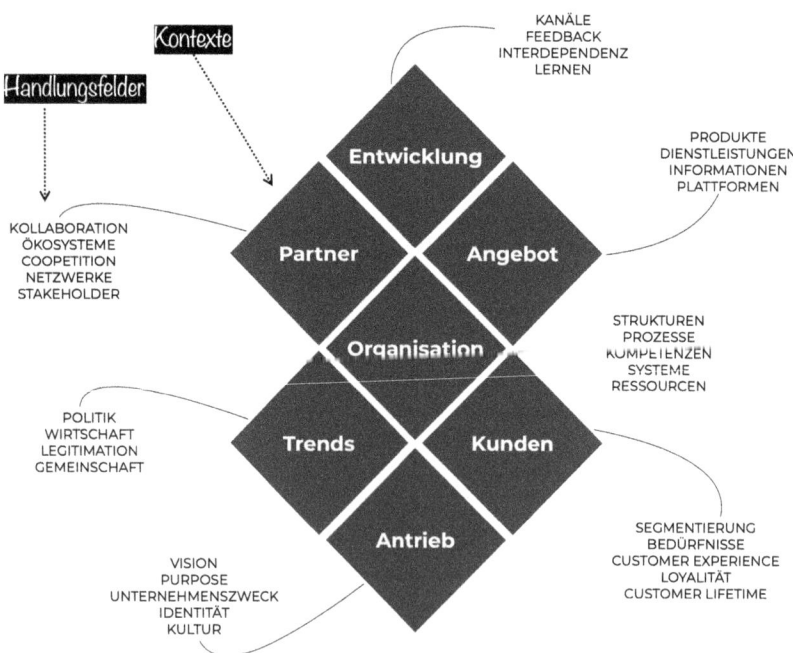

Abb. 3.1 Strategisches Lagebild. (Quelle: Eigene Darstellung)

Rückgrat sowie die *Entwicklung* als reflexiven Fortschrittsmechanismus. Außenkontexte umfassen die *Trends* als Ausdruck externer Veränderungsbewegungen (Politik, Wirtschaft, Legitimation, Gemeinschaft), die *Kunden* als Träger individueller und kollektiver Erwartungen, die *Partner* als Teil von Netzwerken, Ökosystemen und Stakeholder-Konstellationen sowie das *Angebot* als Resonanzpunkt zwischen interner Wertschöpfung und externer Bedürfnisstruktur. Die Verbindung zwischen Innen und Außen entsteht in den beschriebenen Sweetspots. Es handelt sich dabei um emergente Gleichgewichtszonen, in denen äußere Optionen und innere Optionen miteinander in Verbindung treten. Diese Sweetspots sind keine statischen Zielzustände, sondern fluide Konstellationen. Strategiearbeit im Future Model bedeutet daher nicht Kontrolle über die Zukunft zu erlangen, sondern Resonanzräume aktiv zu nutzen.

Die Zukunftshebel bilden drei Steuerungsachsen des Future Models. Der *Richtungshebel* zielt auf die grundlegende Zukunftsorientierung einer Organisation. Er verbindet die Kontexte Antrieb und Trends und beantwortet die Frage, wohin sich die Organisation entwickeln soll. Dabei werden normative Handlungsfelder mit externen Trenddynamiken verknüpft. Der *Potenzialhebel* fokussiert auf die Gestaltungsfähigkeit der gesamten Organisation. In den Kontexten Kunden, Partner und Organisation identifiziert er adressierbare Bedürfnisse, vorhandene und erschließbare Ressourcen und Kompetenzen sowie Substitutionspotenziale durch Kooperationen. Der *Werthebel* schließlich bündelt die Kontexte Angebot und Entwicklung. Er fragt nach dem konkreten Beitrag der Organisation zur Bedürfnisbefriedigung und zum gesellschaftlichen Nutzen sowie danach, inwiefern Rückmeldungen aufgegriffen und in kontinuierliche Verbesserungen überführt werden. In ihm wird Strategie zur Wertschöpfung und zur Wertreflexion zugleich. Diese drei Hebel ermöglichen es, Strategie nicht als bloße Ziel-Mittel-Kette, sondern als komplexes Steuerungssystem zu verstehen – dynamisch, zirkulär und mehrdimensional, siehe Abb. 3.2.

Das Strategiesystem

Das Strategiesystem des Future Model stellt einen Paradigmenwechsel dar: Es ersetzt lineare Planung durch systemische Emergenz. Es ermöglicht Organisationen, sich selbst und ihre Umwelt differenziert wahrzunehmen, strategische Potenziale zu identifizieren und sich entlang zyklischer Entwicklungslogiken dynamisch auszurichten. Die strukturelle Qualität des strategischen Lagebilds gewinnt an Tiefe, wenn sie mit dem *Adaptive-dynamic Cycle* (ADC) kombiniert wird. Der ADC beschreibt Organisationen als zyklisch lernende Systeme, die sich durch vier

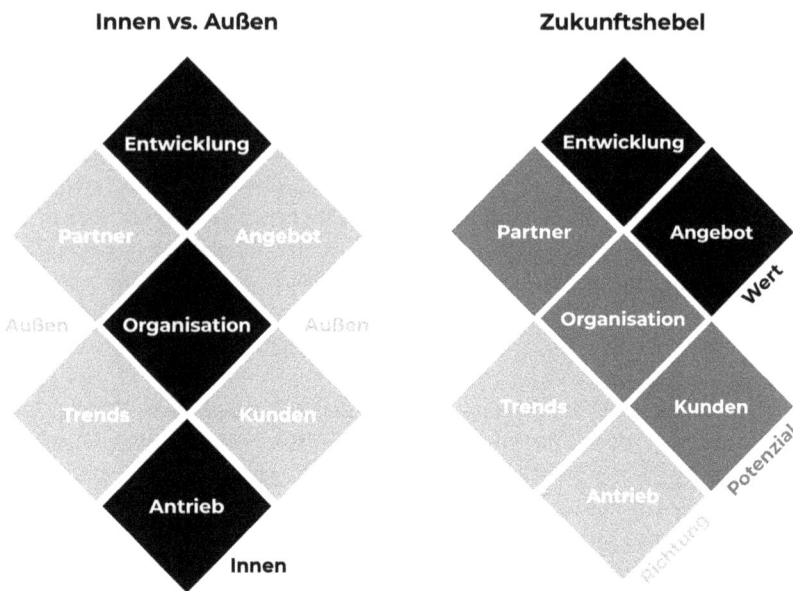

Abb. 3.2 Perspektivität im Future Model. (Quelle: Eigene Darstellung)

wiederkehrende Phasen bewegen (Abschn. 1.2). Die Farbigkeit wird nachfolgend zur besseren Visualisierung wie folgt festgelegt:

1. *Innovationsphase (Gelb): Experimentieren & Selektion*
2. *Wachstumsphase (Grün): Erschließung & Konsolidierung*
3. *Bewahrungsphase (Blau): Effizienz & Regulierung*
4. *Krisenphase (Rot): Instabilität & Disruption*

Die besondere Stärke des Strategiesystems liegt darin, dass jedes der sieben Kontexte mit den vier Entwicklungsphasen (inklusive je 2 Subphasen) verschmolzen werden kann. So ergibt sich ein dynamisches Gesamtsystem, das den Ist-Zustand sowie den daraus abgeleiteten Wandlungsbedarf präzise sichtbar macht. Die Kontexte sind somit keine statischen Entitäten, sondern durchlaufen unterschiedliche Phasen des Zyklus. Beispielsweise können sich die Partner in einer Innovationsphase befinden (etwa durch Experimentieren in neuen Ökosystemen), während die Kunden bereits in eine Krisenphase übergegangen sind (z. B. durch veränderte Erwartungen oder sinkende Loyalität). Gleichzeitig könnte die Organisation im

3.1 Strategiesystem

Modus der Bewahrung operieren (Effizienzphase) und der Antrieb sich in der Krise (Instabilität) befinden. Diese Verschmelzung von Kontext und Zyklusphase ist nicht nur analytisch nützlich, sondern bietet die Basis für jedwede Zukunftshandlung. So können kontext- und phasenspezifische Handlungsfelder identifiziert werden. Die daraus entstehenden 28 Kombinationsfelder (sieben Kontexte * vier Phasen) bilden eine systemische Landkarte für strategisches Handeln. Es bedarf einer klaren Entscheidung, ob das Handlungsfeld den Erhalt der gegenwärtigen Phase sichern oder den Übergang zur nächsten Phase fördern soll. Nehmen wir beispielsweise an, dass sich der Kontext Organisation in der Wachstumsphase (Konsolidierung) befindet. Nun muss entschieden werden, ob die Konsolidierung beibehalten werden soll, oder ein Übergang in die nächste Phase (Bewahrungsphase: Effizienz) angestrebt wird. Ein ‚Überspringen' einer Phase ist nicht möglich.

Nachfolgend werden auf Basis der Megatrendforschung (Tewes et al. 2023) exemplarisch zu verschiedenen Kontexten und Phasen die strategischen Handlungsfelder ausgearbeitet. Die Megatrendforschung deckt langfristige, globalgesellschaftliche Veränderungsdynamiken auf, welche für Organisationen diverse Herausforderungen und Chancen darstellen. Zunächst wird die Dynamik der Phasen in den sieben Kontexten bestimmt. Dies kann in der praktischen Arbeit z. B. durch Diskussion und Umfragen mit den Mitarbeitenden erfolgen. Auf dieser Basis wird dann entschieden, ob die Handlungsfelder auf die Beibehaltung der Phase oder den Übergang in die nächste Phase fokussieren. Es ist nicht ratsam, sämtliche Phasen gleichzeitig zu verändern, da Organisationen über begrenzte Ressourcen, Kapazitäten und Handlungsspielräume verfügen. Für den Case nehmen wir folgende Zuordnungen an, siehe Abb. 3.3:

1. *Antrieb: Innovationsphase (Selektion) → Wachstumsphase (Erschließung)*
2. *Trends: Wachstumsphase (Erschließung) → Wachstumsphase (Erschließung)*
3. *Kunden: Krisenphase (Disruption) → Innovationsphase (Experimentieren)*
4. *Organisation: Bewahrungsphase (Regulierung) → Bewahrungsphase (Regulierung)*
5. *Partner: Krisenphase (Instabilität) → Krisenphase (Disruption)*
6. *Angebot: Krisenphase (Disruption) → Innovationsphase (Experimentieren)*
7. *Entwicklung: Innovationsphase (Experimentieren) → Innovationsphase (Experimentieren)*

Zunächst gilt es, im Beispielcase den Antrieb (Vision, Purpose, Unternehmenszweck, Identität, Kultur) zu betrachten. Hier sollen die Handlungsfelder darauf abzielen, von der Innovationsphase (Selektion) in die Wachstumsphase (Erschließung) überzugehen. Im Übergang von der Innovations- in die Wachstumsphase zeigen

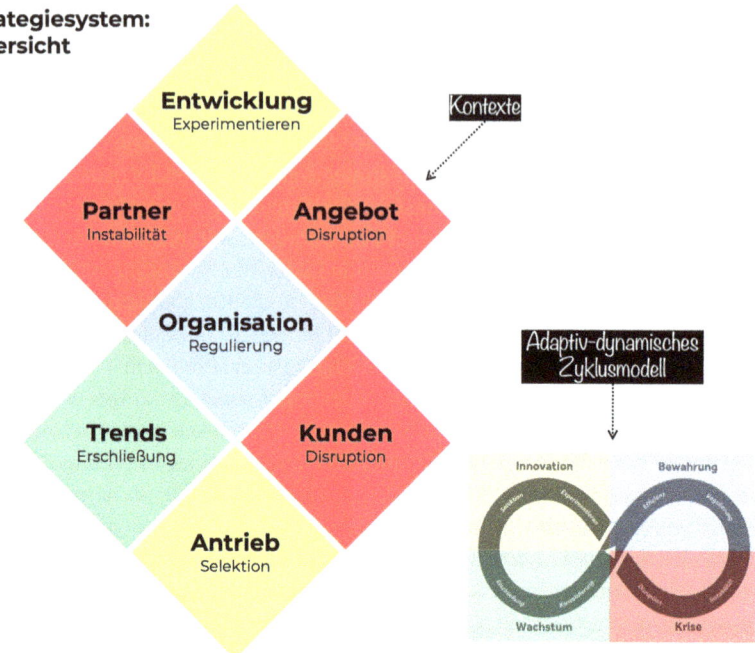

Abb. 3.3 Strategiesystem: Übersicht. (Quelle: Eigene Darstellung)

sich vier zentrale Handlungsfelder: Erstens muss die *Klimawirkung* durch verbindliche Steuerungsgrößen und operative Leitlinien manifestiert werden. Zweitens ist der *gesellschaftliche Mehrwert* in überprüfbare Wirkmechanismen und institutionalisierte Entscheidungsprozesse zu überführen. Drittens bedarf es einer Formalisierung *resilienzsteigernder Innovationen* durch klare Strukturen, Ausschüsse und ein systematisiertes Risikomanagement. Viertens wird *Skalierbarkeit* durch standardisierte Prozesse, interne Kontrollsysteme und robuste Governance-Infrastrukturen gesichert.

Hinsichtlich der Trends (Politik, Wirtschaft, Legitimation, Gemeinschaft) zielt die Handlung auf die Erhaltung der Wachstumsphase (Subphase: Erschließung). Die PWLG-Foresightanalyse ermöglicht es, die wichtigsten Trends zu identifizieren. Der *Vertrauensverlust in Institutionen* eröffnet die Chance, durch digitale Feedbacksysteme und intersektorale Kooperationen neue Vertrauensräume zu gestalten und als Wachstumsfaktor zu etablieren. Die zunehmend ambitionierte

3.1 Strategiesystem

Klimapolitik und regulatorische Dynamik erfordern nicht nur Compliance, sondern ermöglichen die strategische Positionierung nachhaltiger Geschäftsmodelle, gestützt durch gezielte Investitionen in ESG-Infrastruktur und Kooperationen mit Regulatoren und Stakeholdern. Der *Transformationsdruck auf bestehende Geschäftsmodelle* kann durch neue Markt- und Wertschöpfungslogiken sowie Partnerschaften mit Start-ups und Forschungseinrichtungen in zukunftsrobuste Geschäftsarchitekturen überführt werden. Schließlich bietet der Einsatz von *Künstlicher Intelligenz* erhebliche Skalierungspotenziale, sofern gezielte Investitionen in Technologie, Talente und Infrastruktur mit strategischen Allianzen zur gemeinsamen Entwicklung vertrauenswürdiger KI-Lösungen kombiniert werden.

Die Kunden (Segmentierung, Bedürfnisse, Customer Experience, Loyalität, CLV) befinden sich in der Krisenphase (Disruption). Um in die nächste Phase (Innovationsphase: Experimentieren) zu kommen, bedarf es verschiedener prototypischer Handlungen. *Personalisierung als Innovationsmotor* nutzt individuelle Daten, um relevante Angebote iterativ zu entwickeln. Das *Datenvertrauen* stellt transparente Kommunikation und echten Mehrwert ins Zentrum jeder datenbasierten Innovation. *Loyalität als Ko-Kreation* bindet Kunden aktiv in Entwicklungsprozesse ein und schafft dadurch tiefere Beziehungen. *Customer Experience wird adaptiv,* indem Erlebnisse kontinuierlich getestet, gemessen und verbessert werden. Gemeinsam ermöglichen diese Felder schnelles Lernen, höhere Relevanz und nachhaltige Differenzierung im Kundenkontakt.

Um die Organisation (Strukturen, Prozesse, Kompetenzen, Systeme, Ressourcen) in der Bewahrungsphase zu stabilisieren, sind drei zentrale Handlungsfelder entscheidend: Erstens die Etablierung eines *integrierten Governance-Frameworks,* das klare Leitlinien, Verhaltensregeln und Verantwortlichkeiten definiert und damit eine verlässliche Grundlage für regelkonformes Handeln schafft. Zweitens die *Standardisierung von Entscheidungsprozessen* durch formalisierte Gremienstrukturen, transparente Abläufe und definierte Eskalationswege, um Entscheidungen nachvollziehbar und effizient zu gestalten. Drittens die *Sicherstellung von Fachkompetenz* durch gezielten Kompetenzaufbau, strukturierte Wissenssicherung und verbindliche Vertretungsregelungen – mit dem Ziel, Know-how langfristig zu erhalten und organisationale Handlungsfähigkeit dauerhaft abzusichern.

Bei den Partnern (Kollaboration, Ökosysteme, Coopetition, Netzwerke, Stakeholder) wird ein Übergang in der Krisenphase angestrebt: von der Instabilität zur Disruption. Ein erster entscheidender Schritt ist die *Auflösung dysfunktionaler Routinen,* indem veraltete Muster konsequent identifiziert und beendet werden. Mittels partizipativer Reflexionsformate können Blockaden sichtbar gemacht und gezielt aufgelöst werden. Parallel dazu ermöglichen *interdisziplinäre Transformations-Ökosysteme* den Aufbau neuer Denk- und Handlungsräume: Durch die Zusammenarbeit mit Start-ups, Forschungseinrichtungen und weiteren externen Partnern entsteht ein Umfeld, in dem etablierte Grundannahmen hinterfragt und neue Lösungsansätze erprobt werden können. Um diese Dynamik langfristig zu verankern, braucht es schließlich ein *Change Operating System* – eine modulare, agile Transformationsarchitektur, die auf Plattformlogik, klaren Rollen und iterativem Lernen basiert.

Im Angebot (Produkte, Dienstleistungen, Informationen, Plattformen) soll die Krisenphase (Disruption) verlassen werden und ein erstes Experimentieren durchgeführt werden. Die Entwicklung von *MVPs für Produktvarianten* ermöglicht es, neue Produktideen schnell zu testen, kreativ weiterzuentwickeln und mithilfe von A/B-Tests iterativ zu verbessern. Mit der *Einführung eines Pilotkundenprogramms* können neue Dienstleistungen in einem geschützten Rahmen erprobt, gemeinsam mit Kunden gestaltet und anhand realen Feedbacks angepasst werden. Ein *Soft Launch eines neuen Features* auf der eigenen Plattform erlaubt es, Innovation risikominimiert einzuführen, im Team weiterzudenken und datenbasiert zu optimieren.

Zuletzt wird in der Entwicklung (Kanäle, Feedback, Interdependenz, Lernen) auf die Beibehaltung der Innovationsphase (Experimentieren) abgezielt. Ein zentrales Handlungsfeld liegt in der *Etablierung einheitlicher Kanäle* für den Ideenfluss: Durch transparente, digital unterstützte Plattformen können Ideen aus verschiedenen Bereichen sichtbar gemacht, systematisch bewertet und zur Weiterentwicklung bereitgestellt werden. Ergänzend dazu ist ein *systematisches Feedback-Loop-Design* unerlässlich, um die Qualität von Prototypen und Pilotprojekten iterativ zu verbessern. Über strukturierte Rückkopplungsmechanismen – wie A/B-Tests, Sprint-Retrospektiven oder Nutzerfeedback – lassen sich Hypothesen schnell validieren, Annahmen überprüfen und Lösungen in kurzen Zyklen adaptieren. Um die Entwicklung weiter zu innovieren, ist es zudem notwendig, bestehende *Interdependenzen sichtbar* zu machen. Durch Mapping-Ansätze werden Abhängigkeiten identifiziert, um gezielte Koordination und Schnittstelleninnovation zu ermöglichen. Schließlich braucht wirksames Experimentieren ein *exploratives Lernen*. In sogenannten Learning Labs oder temporären Pilotstrukturen können neue Konzepte in realitätsnahen Settings getestet, reflektiert und – bei Erfolg – in den Regelbetrieb überführt werden, siehe Abb. 3.4.

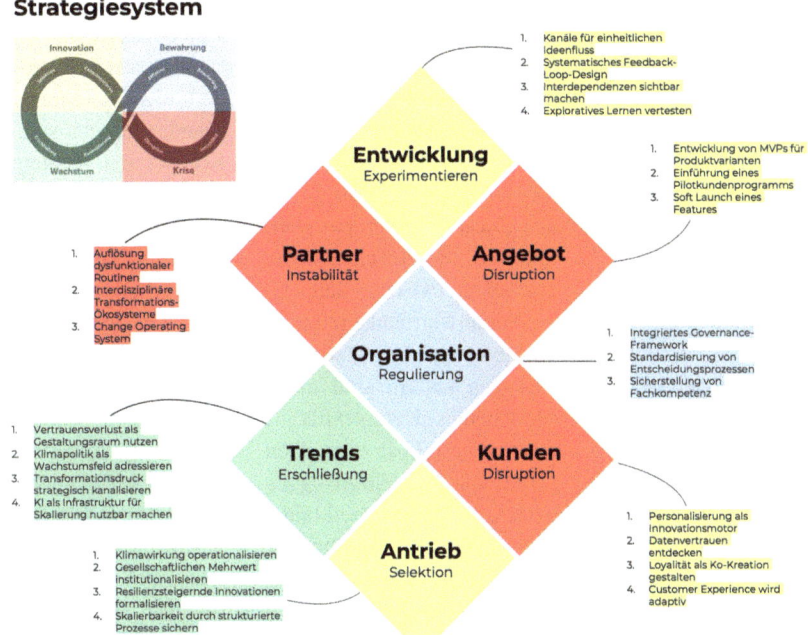

Abb. 3.4 Strategiesystem. (Quelle: Eigene Darstellung)

3.2 Transformationssystem

In einer Welt permanenter Unsicherheit, wachsender Komplexität und beschleunigter Dynamiken genügt es nicht mehr, Veränderung als punktuelles (Change-)Projekt zu begreifen. Transformation ist kein Ausnahmezustand – sie ist zum dauerhaften Modus organisationaler Existenz geworden. Das Transformationssystem im Future Model bietet einen systemischen Rahmen, um diese kontinuierliche Adaption gezielt zu gestalten. Es unterscheidet sich grundlegend von klassischen Change-Ansätzen, die Veränderung linear, abgeschlossen und meist funktional denken. Transformation im Sinne des Future Model ist dagegen emergent, zyklisch und systemvernetzt. Die Denkweise verändert sich von einer abteilungsspezifisch, silobasierten zu einer holistischen Sicht. Von Veränderung als einmaligem Akt zu phasenbasierten Übergängen.

Vom Handlungsfeld zum Veränderungscluster
Im Transformationssystem werden die Vielzahl möglicher Einzelmaßnahmen in Veränderungsclustern zusammengeführt. Diese Cluster fassen strategische Handlungsfelder entlang verknüpfter Themenräume zusammen. Sie bilden Handlungsräume, in denen alle betroffenen Organisationskontexte miteinander vernetzt sind. Eine sinnvolle Clusterung dient nicht der Reduzierung von Komplexität, sondern ihrer gezielten Erfassung. Voraussetzung dafür ist eine klare inhaltliche Kohärenz: Die Elemente innerhalb eines Clusters sollten ein gemeinsames Thema, eine geteilte Zielrichtung oder ähnliche Wirkmechanismen aufweisen. Gleichzeitig braucht es eine klare Abgrenzbarkeit zwischen den Clustern, um Überlagerungen zu vermeiden und eindeutige Verantwortlichkeiten zu benennen. Gut formulierte Cluster greifen nicht nur den Status quo auf, sondern richten sich an zukünftigen Anforderungen und Entwicklungen aus. Sie sind anschlussfähig für unterschiedliche Perspektiven und ermöglichen es, Komplexität nicht zu verflachen, sondern im Gegenteil: sie differenziert und gestaltbar zu machen. Nicht zuletzt kommt der sprachlichen Ausgestaltung eine zentrale Rolle zu – gut gewählte Namen und prägnante Narrative machen Cluster verständlich, merkfähig und kommunizierbar. Die praktische Implikation ist ebenso radikal wie entlastend: Transformation ist kein Projekt mehr. Sie ist kein definierter Anfang-mit-Ende-Prozess, der mit einem Gantt-Chart abbildbar wäre. Transformation ist ein permanenter Zustand gesteuerter Unvollständigkeit, ein Modus des Lernens, Umlernens und Loslassens. Transformation ist Übergang in einen neuen Status.

Transformationssystem im Beispielcase
Im Rahmen des Strategiesystems (Abschn. 3.1) sind die Kontexte phasenbasiert eingeschätzt und die relevantesten Handlungsfelder abgeleitet worden. Im Transformationssystem werden sechs inhaltlich und strategisch schlüssige Veränderungscluster identifiziert. Sie bilden die Grundlage für ein gemeinsames Verständnis der Zukunftsgestaltung im Future Model. Das erste Cluster *„Impact-orientierte Organisationsausrichtung"* thematisiert die systematische Verankerung von gesellschaftlichem Mehrwert und Klimawirkung in der Organisation. Es geht darum, Purpose, Nachhaltigkeit und regulatorische Anforderungen in konkrete Steuerungslogiken und Entscheidungssysteme zu überführen – nicht als Nebenprodukt, sondern als zentrales Wachstumsfeld. Das zweite Cluster *„Vertrauen als Ressource"* erkennt den zunehmenden Vertrauensverlust in Institutionen als strategische Chance. Hier wird Vertrauen als gestaltbare Größe begriffen, etwa durch transparente Datenpraktiken, partizipative Entwicklungsprozesse oder neue Loyalitätsmodelle. Vertrauen wird so zu einem zentralen Element zukunftsfähiger Wertschöpfung. Im dritten Cluster *„Strukturelle Skalierung"* stehen Prozesse und

Technologien im Fokus, die das Neue über Einzelfälle hinaus tragfähig machen. Skalierbarkeit wird nicht nur als Effizienzfrage behandelt, sondern als Hebel – gestützt durch Prozessdesign, KI-basierte Infrastrukturen und agile Produkteinführungen wie Soft Launches. Das vierte Cluster „*Organisationale Resilienz stärken*" adressiert die Anpassungsfähigkeit der Organisation unter Bedingungen ständigen Wandels. Es umfasst Governance-Frameworks, Entscheidungsprozesse, das Auflösen blockierender Routinen sowie die Etablierung eines agilen Change Operating Systems. Ziel ist eine Organisation, die nicht nur robust, sondern anpassungsfähig und lernfähig bleibt. Das fünfte Cluster „*Individualisierte Kundenerlebnisse und agile Produktentwicklung*" richtet sich auf die konsequente Kundenzentrierung. Durch Pilotkundenprogramme, MVPs und adaptiv gestaltete Erlebnisse entsteht ein enger Feedback-Loop zwischen Nutzern und Organisation. Personalisierung wird hier als Innovationstreiber verstanden, unterstützt durch systematisierte Ideenkanäle und kontinuierliche Verbesserung. Schließlich befasst sich das sechste Cluster „*Lernende Organisation designen*" mit dem Aufbau eines strukturierten und nachhaltigen organisationalen Lernens. Systematische Feedback-Loops, explorative Lernformate und interdisziplinäre Ökosysteme schaffen die Voraussetzungen dafür, dass Wissen nicht nur erhalten, sondern dynamisch weiterentwickelt wird – und so zur Basis für zukünftige Anpassungs- und Innovationsfähigkeit wird. Folglich bieten diese sechs Veränderungscluster einen strategischen Transformationsrahmen. Sie helfen, komplexe Transformationsprozesse ganzheitlich zu erfassen, die Menschen in der Organisation auszurichten und konkrete Entwicklungsmaßnahmen kohärent zu verorten, siehe Abb. 3.5.

Der Transformationsplan
Ein wirksamer Transformationsplan braucht ein funktionales System, das Veränderung in Organisationen tatsächlich anwendbar macht. Auf Basis des Transformationssystem können für erfolgreiche Transformationsvorhaben nun fünf Zukunftstreiber operationalisiert werden:

- *Information*
- *Kennzahlen*
- *Macht*
- *Technologie*
- *Energie*

Jeder der benannten Zukunftstreiber beleuchtet eine andere Dimension organisationaler Veränderung: 1. *Information* ist mehr als reine Wissensvermittlung. Sie fungiert als Impulsgeber, Deutungsrahmen und Bindeglied zwischen Strategie und

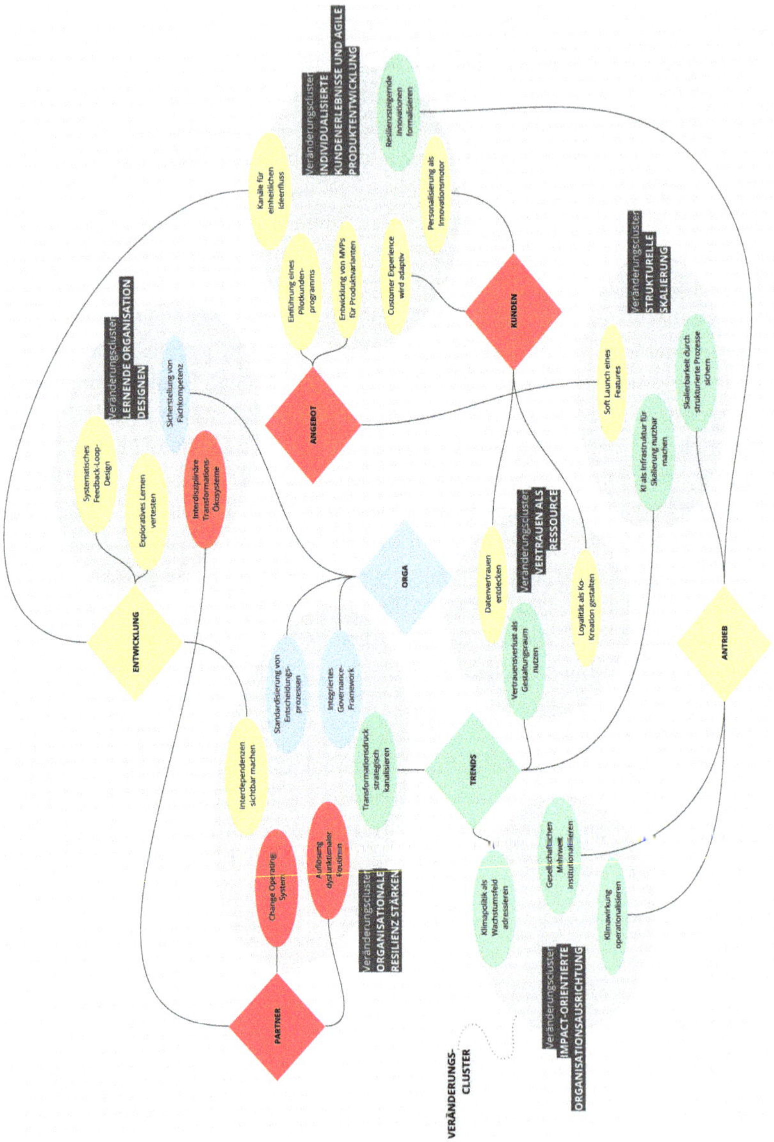

Abb. 3.5 Transformationssystem. (Quelle: Eigene Darstellung)

3.2 Transformationssystem

Umsetzung. Entscheidend ist, dass Information nicht statisch bereitgestellt, sondern dynamisch zirkuliert, kontextbezogen vermittelt und anschlussfähig formuliert wird. Transformation braucht nicht nur Daten, sondern Erkenntnisse – Information wird so zum Resonanzverstärker in komplexen Veränderungsprozessen. 2. *Kennzahlen* machen Fortschritt sichtbar und ermöglichen Steuerung und Vergleichbarkeit. Dabei geht es nicht nur um Outputmessung, sondern um die Darstellung von Fortschritt, Reifegraden, Adaptionsgeschwindigkeit oder Wirkung. Gut gewählte Kennzahlen erlauben es, Transformation als lernenden Prozess zu verstehen – transparent, nachvollziehbar und differenziert. 3. *Macht* wird in diesem Kontext nicht negativ verstanden, sondern als Fähigkeit zur Zukunftsgestaltung. Sie beschreibt, wer über Mandate, Einfluss und Legitimität verfügt, um Transformation voranzutreiben – sei es formell über Positionen oder informell über Netzwerke, Narrative und soziale Autorität. Transformation erfordert Klarheit darüber, wer Verantwortung trägt, wer Entscheidungen trifft und wer Räume öffnen darf. 4. *Technologie* wirkt als Katalysator, Infrastruktur und Möglichkeitsraum zugleich. Sie beschleunigt, skaliert und strukturiert Veränderung – und verändert dabei selbst die Spielregeln. *Technologie* ist nicht nur ein Hilfsmittel, sondern ein Treiber, der Kommunikationsformen, Prozesse und Geschäftsmodelle transformiert bzw. beschleunigt. Entscheidend ist die strategische Auswahl, die intelligente Integration und der sinnstiftende Einsatz. 5. *Energie* schließlich ist der menschliche Treibstoff der Transformation. Sie umfasst physische, mentale und emotionale Ressourcen – also das, was Menschen tatsächlich in Bewegung versetzt. Ohne Energie bleibt jede Strategie wirkungslos. Transformation braucht Sinn, Identifikation, Schutzräume und gezielte Ermöglichung. Energie entscheidet, ob Wandel getragen, ausgehalten und fortgeführt wird – und ist damit der zentrale Engpass und zugleich die größte Chance jeder zukunftsorientierten Organisation.

Die Veränderungscluster fungieren dabei als inhaltlicher Resonanzraum: Sie bündeln thematische Entwicklungsbedarfe, während die Treiber ihre operative Umsetzung sicherstellen. Daraus entsteht eine Matrixlogik: Jedes Cluster wird entlang der fünf Treiber systematisch operationalisiert – mit spezifischen Maßnahmen, Zuständigkeiten und Ressourcenbedarf. Exemplarisch findet sich diese Vorgehensweise für den bisherigen Case in Tab. 3.1.

Tab. 3.1 Transformationsplan. (Quelle: eigene Darstellung)

Zukunftstreiber & Veränderungscluster	Information	Kennzahlen	Macht	Technologie	Energie
Impact-orientierte Organisationsausrichtung	ESG-Ziele und Klimawirkung müssen verständlich, kontinuierlich und unternehmensweit kommuniziert werden – etwa über interaktive Dashboards, Impact Reports oder Lernformate zu Nachhaltigkeitswissen.	Entwicklung wirkungsbasierter Steuerungsgrößen wie CO_2-Bilanzen, soziale ROI-Indikatoren oder Purpose-bezogene Zielerreichungsgrade	Legitimation durch klare Purpose-Governance: Wer entscheidet über Nachhaltigkeit? Wer vertritt sie nach innen und außen?	Einführung von ESG-Management-systemen, klimadatenbasierter Software oder Tools zur CO_2-Kalkulation in Produkten und Prozessen	Mobilisierung über gemeinsame Visionen, Storytelling zu Sinn und Wirkung sowie gezielte Beteiligungsformate
Vertrauen als Ressource	Aufbau transparenter Kommunikationsstrukturen, z. B. durch Feedbacksysteme, Data Storytelling oder Partizipationsformate	Entwicklung von Vertrauensindikatoren – etwa zu Datenethik, Kundenbindung, digitaler Souveränität oder Feedbackakzeptanz	Aufbau von Vertrauensräumen: Wer gestaltet sichere Datenräume? Wer hat Zugriff auf sensible Informationen?	Implementierung vertrauens-fördernder Technologien (z. B. Datenschutz-by-Design, Auditierbarkeit von KI-Systemen)	Förderung von Vertrauenskultur durch psychologische Sicherheit, Fehlerfreundlichkeit und emotionale Anschlussfähigkeit
Strukturelle Skalierung	Wissen zur Skalierlogik sichtbar machen, etwa durch Best Practices, explizites Prozessdesign oder internes Scaling Playbook	Definition von Skalierungskennzahlen (z. B. Time-to-Scale, Infrastrukturreife, Rollout-Fähigkeit)	Klare Verantwortlichkeiten für Skalierung, z. B. Skalierungsteams, Product Owner mit Mandat zur Vervielfältigung	Einsatz skalierbarer Infrastrukturen (Cloud, KI-Stacks, Plattformtechnologien) um Wiederverwendbarkeit zu sichern	Aufbau von Skalierungsbereitschaft, durch Trainings, Ressourcenfreistellung und Vermeidung von Überforderung
Organisationale Resilienz stärken	Sichtbarmachung von Systemzusammenhängen (z. B. Interdependenz-Mapping, Reflexionsformate)	Einführung von Resilienzmetriken (z. B. Entscheidungsro-bustheit, Lernzyklusgeschwin-digkeit, Systemstabilität)	Legitimation adaptiver Entscheidungsformen: Wer entscheidet wann wie flexibel? Wer darf Standards hinterfragen?	Governance-Tools, Entscheidungs-unterstützungs-systeme, Monitoring-Plattformen für Krisenreaktionsfähigkeit	Aufbau von Veränderungskompetenz, etwa durch Coaching, Retrospektiven, resilienzfördernde Kulturentwicklung

(Fortsetzung)

Tab. 3.1 (Fortsetzung)

Zukunftstreiber & Veränderungscluster	Information	Kennzahlen	Macht	Technologie	Energie
Individualisierte Kundenerlebnisse und agile Produktentwicklung	Kundenbedürfnisse über Daten aktiv erfassen und als Handlungswissen nutzbar machen, z. B. durch CX-Analytik, Personas, Echtzeitfeedback	KPI-Sets zur Personalisierung (z. B. Nutzungskohorten, Adaptivität, Conversion per Segment)	Kunden als Co-Creators einbinden: Wer darf mitgestalten? Wie legitimieren sich Entscheidungen im MVP-Prozess?	Agile Toolsets (z. B. A/B-Testing-Plattformen, Feature-Toggles, adaptive Interfaces) als Infrastruktur für individuelle Experiences	Begeisterung durch frühe Einbindung, emotionale Ansprache, sichtbare Wirksamkeit im Produktfeedback
Lernende Organisation designen	Lernwissen zirkulieren lassen, z. B. durch interne Lernplattformen, Retrospektivensysteme, Lessons Learned Communities	Metriken für Lernfortschritt, z. B. Test-Iteration-Raten, Hypothesenvalidierung, Wissensverbreitung	Öffnung von Lernräumen: Wer darf experimentieren? Wer verantwortet Scheitern? Welche Freiräume existieren?	Einsatz von Lerntechnologien (Learning Labs, digitale Whiteboards, Feedback-Loops in Produktivitätstools)	Kultivierung einer Lernhaltung durch Vorbilder, Mut zum Experiment, Schutz von Neugier und Offenheit

Fazit 4

Das Buch „*Future Model: Das System Zukunft entschlüsseln – Strategien entwickeln, Transformation meistern*" entfaltet ein systemisches Verständnis unternehmerischer Zukunftsgestaltung, das über klassische lineare Modelle weit hinausgeht. Es bietet ein *integratives Framework*, das Unternehmen nicht als mechanistische Gebilde, sondern als dynamische, kontextgebundene und entwicklungsfähige Systeme in ständiger Wechselwirkung mit der Umwelt versteht. Im Zentrum steht die Einsicht: Zukunft ist kein Zielzustand, sondern ein emergenter Prozess – ein permanenter Modus kollektiven Gestaltens, Lernens und Adaptierens. Ziel des Buches ist es, ein Modell darzustellen, das Unternehmen praktisch befähigt, in einer Welt zunehmender Unsicherheit, Disruption und Komplexität handlungsfähig zu bleiben. Durch die Verbindung des *Adaptive-dynamic Cycle* mit dem *siebenteiligen organisationalen Kontextmodell* sowie die Einbettung in ein dynamisches *Strategie- und Transformationssystem* gelingt es, die vielschichtige Realität organisationaler Veränderung analytisch zu erfassen und zugleich operativ umzusetzen. Die Perspektive verschiebt sich dabei von der Beschreibung singulärer Erfolgsfaktoren hin zur Gestaltung integrierter Systeme – Organisationen werden als Schnittstellen von Innen- und Außenkontexten, Potenzialräumen und Umweltkomplexitäten gedacht. Die zentrale Erkenntnis: Zukunft ist ein rekursiver Prozess von Wahrnehmung, Interpretation und Gestaltung – ein ständiges Aushandeln zwischen Stabilität und Wandel, zwischen Struktur und Emergenz.

Wissenschaftlich liefert das Modell einen originären Beitrag zur Weiterentwicklung systemischer Organisations- und Managementtheorien, indem es konstruktivistische, evolutionäre und organisationstheoretische Perspektiven integrativ verknüpft. Es schafft eine theoretisch fundierte Verbindung zwischen strategischer Steuerung und transformativer Dynamik und schlägt so eine Brücke zwischen fundierter Theorie und organisationaler Praxis. Die Synthese klassischer Managementansätze (Ansoff, Porter, Barney usw.) mit systemtheoretischen und evolutionären Konzepten (Luhmann, Weick, Holling usw.) ermöglicht neue theoretische Zugänge zur Gestaltung organisationaler Zukunft. Dadurch leistet das Buch einen differenzierten Beitrag zur Transformationsforschung – insbesondere in der Verbindung von Strategiemodellen, Organisationstheorie und Zukunftsforschung. *Wirtschaftlich* fungiert das Modell als handlungsleitendes Framework zur Entwicklung zukunftsgerichteter Organisationen jenseits klassischer Effizienz- und Kostenlogiken. Es unterstützt Organisationen dabei, in unsicheren und komplexen Kontexten neue Steuerungs- und Entscheidungskompetenzen zu operationalisieren und klassische Managementparadigmen weiterzuentwickeln. Voraussetzung dafür ist jedoch ein gewisses Maß an organisationaler Reife, insbesondere in Bezug auf Selbstreflexion und Zukunftskompetenz. In stark operativ ausgerichteten Organisationen kann daher die konzeptionelle Komplexität des Modells die Umsetzung erschweren. Ebenso stellt der systemtheoretische Anspruch methodische Anforderungen an das Management, die über klassische Führungsausbildungen hinausgehen. *Gesellschaftlich* verweist das Modell auf die Notwendigkeit, Unternehmen nicht ausschließlich als wirtschaftliche Akteure zu verstehen, sondern als gestaltende Systeme im Spannungsfeld ökologischer, technologischer und sozialer Transformationen. Es fordert ein erweitertes Rollenverständnis, das unternehmerische Verantwortung im Sinne gesamtgesellschaftlicher Wirkung betont. Gleichzeitig ist die gesellschaftliche Wirkung des Modells stark abhängig von der kulturellen Reife sowie der Reflexions- und Gestaltungskompetenz der beteiligten Menschen. Gerade in institutionellen Umfeldern mit stark regulierten Strukturen oder geringer Veränderungsoffenheit kann die Übertragbarkeit voraussetzungsvoll sein.

Für die zukünftige Forschung eröffnet das Future Model künftig mehrere Anschlussfelder: empirische Studien zur Wirksamkeit des Modells in unterschiedlichen Organisationskontexten (z. B. hinsichtlich der Erkennung wiederkehrender Muster), explorative Analysen zu den Bedingungen gelingender Transformation sowie vertiefende Auseinandersetzungen mit den epistemologischen Voraussetzungen systemischer Entscheidungsfindung in hochvolatilen Umwelten. Praktisch eröffnet es strategischen Entscheidungsträgern ein robustes Instrumentarium zur Diagnose, Phasensteuerung und Identifikation von Sweetspots, um Zukunft nicht mehr lediglich zu erfahren, sondern sie gezielt zu antizipieren, zu strukturieren und zu beeinflussen. Daraus ergibt sich nicht nur eine erhöhte Transformationsfähigkeit, sondern eine neue Form von Zukunftskompetenz: die Fähigkeit, Unsicherheit nicht zu eliminieren oder Komplexität reduzieren zu wollen, sondern vielmehr konstruktiv-konstruktivistisch zu gestalten. In einer Welt, in

4 Fazit

der Organisationen permanent zwischen Ordnung und Chaos balancieren müssen, bietet das Future Model zwar keine einfachen Antworten – aber ein wirkungsvolles System. Es lädt dazu ein, nicht länger nach Kontrolle zu streben, sondern nach Emergenz – und macht deutlich: Zukunft ist kein Projekt, sondern eine Gestaltungsarchitektur.

# Was Sie in diesem *essential* finden können

- *Statische Geschäftsmodelle überwinden:* Klassische Geschäftsmodellansätze bieten nur Momentaufnahmen. In dynamischen Kontexten braucht es Geschäftsmodelle, die als lernfähige, adaptiv-zirkuläre Systeme funktionieren.
- *Phasenbewusst steuern statt alles gleichzeitig ändern:* Mit dem Adaptive-dynamic Cycle lassen sich Geschäftsbereiche gezielt analysieren, um fokussierte Maßnahmen abzuleiten.
- *Strategische Lagebilder regelmäßig aktualisieren:* Durch regelmäßige Bewertung der sieben organisationalen Kontexte können strategische Handlungsfelder identifiziert und Kohärenz sichergestellt werden.
- *Sweetspot-Analysen in Strategieprozesse integrieren:* Die systematische Verknüpfung interner Potenziale mit externen Möglichkeiten erhöht die Zukunftsfähigkeit von Organisationen elementar.
- *Veränderungscluster bündeln statt Einzelmaßnahmen starten:* Transformation gelingt besser, wenn strategische Themen in übergreifenden Clustern organisiert und mit klaren Verantwortlichen operationalisiert werden.
- *Zukunftstreiber systematisch nutzen:* Planen Sie jede Transformation entlang von fünf konkreten Treibern: Information, Kennzahlen, Macht, Technologie und Energie.

Literatur

1. Aaker, D. A. (1991) *Managing brand equity: Capitalizing on the value of a brand name*. New York: Free Press.
2. Acemoglu, D., & Robinson, J. A. (2013). *Why Nations Fail: The Origins of Power, Prosperity, and Poverty*. New York: Crown Business.
3. Ackoff, R. L. (1994). *Systems thinking and thinking systems*. System Dynamics Review, 10 (2–3): 175–188.
4. Adizes, I. (1988). *Corporate Lifecycles: How and Why Corporations Grow and Die and What to Do About It*. Englewood Cliffs: Prentice Hall.
5. Adner, R. (2017). Ecosystem as structure: An actionable construct for strategy. Journal of Management, 43(1): 39–58.
6. Ansoff, H. I. (1965). *Corporate Strategy: An Analytic Approach to Business Policy for Growth and Expansion*. New York: McGraw-Hill.
7. Apple (2013). Apple Identity Guidelines. https://www.apple.com/legal/sales-support/certification/docs/logo_guidelines.pdf, Zugegriffen am 6.06.2025.
8. Argyris, C., & Schön, D. A. (1978). *Organizational Learning: A Theory of Action Perspective*. Reading: Addison-Wesley.
9. Argyris, C., & Schön, D. A. (1995). *Organizational Learning II: Theory, Method, and Practice*. London: FT Press.
10. Ashby, W. R. (1956). *An introduction to cybernetics*. New York: Wiley.
11. Baecker, D. (2007). *Form und Formen der Kommunikation*. Frankfurt am Main: Suhrkamp.
12. Barney, J. B. (1991). *Firm Resources and Sustained Competitive Advantage*. Journal of Management, 17(1): 99–120.
13. Becker, J., Kugeler, M. & Rosemann, M. (2012). *Prozessmanagement: Ein Leitfaden zur prozessorientierten Organisationsgestaltung*. Wiesbaden: Springer Gabler.

14. BioNTech (2025). *Unsere gesellschaftliche Verantwortung.* https://www.biontech.com/de/de/home/about/our_responsibility/corporate-social-responsibility.html, Zugegriffen am 13.06.2025.
15. Bostrom, N. (2014). *Superintelligence: Paths, Dangers, Strategies.* Oxford: Oxford University Press.
16. Brandenburger, A. M. & Nalebuff, B. J. (1996). *Co-opetition.* New York: Doubleday.
17. Brynjolfsson, E., & McAfee, A. (2018). *The Second Machine Age: Wie die nächste digitale Revolution unser aller Leben verändern wird.* Kulmbach: Plassen.
18. Burton, R. M., Obel, B., & Håkonsson, D. D. (2020). *Organizational Design: A Step-by-Step Approach.* Cambridge: Cambridge University Press.
19. Chandler, A. D. (1962). *Strategy and Structure: Chapters in the History of the Industrial Enterprise.* Cambridge: MIT Press.
20. Christensen, C. M., Hall, T., Dillon, K. & Duncan, D. S. (2016). *Competing Against Luck: The Story of Innovation and Customer Choice.* New York: Harper Business.
21. Collier, P. (2009). *Wars, Guns, and Votes: Democracy in Dangerous Places.* New York: Harper Perennial.
22. Collins, J. & Porras, J. I. (2005). *Built to Last: Successful Habits of Visionary Companies.* New York: HarperBusiness.
23. Davenport, T. H., & Harris, J. G. (2017). *Competing on Analytics: The New Science of Winning.* Boston: Harvard Business Press.
24. Drucker, P. F. (2007). *Management: Tasks, Responsibilities, Practices.* New Brunswick: Transaction.
25. Dunleavy, P., Margetts, H., Bastow, S. & Tinkler, J. (2011). *Digital Era Governance: IT Corporations, the State, and e-Government.* Oxford: Oxford University Press.
26. Dyer, J. H. & Singh, H. (1998). *The relational view: Cooperative strategy and sources of interorganizational competitive advantage.* Academy of Management Review, 23(4): 660–679.
27. Edmondson, A. C. (1999). *Psychological Safety and Learning Behavior in Work Teams.* Administrative Science Quarterly, 44(2): 350–383.
28. Esping-Andersen, G. (1990). *Three Worlds of Welfare Capitalism.* Princeton: Princeton University Press.
29. Freeman, R. E. (1984) *Strategic management: A stakeholder approach.* Boston: Pitman.
30. Freeman, R. E., Harrison, J. S., Wicks, A. C., Parmar, B. L. & de Colle, S. (2012). *Stakeholder Theory: The State of the Art.* Cambridge: Cambridge University Press.
31. Gassmann, O., Frankenberger, K. & Choudry, M. (2020). *Business Model Navigator – The strategies behind the most successful companies.* Financial Times Series.
32. Gassmann, O., Frankenberger, K. & Csik, M. (2014). *The Business Model Navigator: 55 Models That Will Revolutionise Your Business.* Financial Times Series.
33. Gast, J., Filser, M., Gundolf, K. & Kraus, S. (2019). *Coopetition research: Towards a better understanding of past trends and future directions.* International Journal of Entrepreneurship and Innovation Management, 23(4): 263–280.
34. George, G., Howard-Grenville, J., Joshi, A. & Tihanyi, L. (2016). *Understanding and Tackling Societal Grand Challenges through Management Research.* Academy of Management Journal, 59(6): 1880–1895.

35. Glasl, F. & Lievegoed, B. C. (1993). *Dynamische Unternehmensentwicklung – Wie Pionierbetriebe und Bürokratien zu Schlanken Unternehmen werden*. Stuttgart: Haupt.
36. Granovetter, M. (1985). *Economic action and social structure: The problem of embeddedness*. American Journal of Sociology, 91(3): 481–510.
37. Grant, R. M. (2021). *Contemporary Strategy Analysis*. Hoboken: Wiley.
38. Greiner, L. E. (1972). *Evolution and Revolution as Organizations Grow*. Harvard Business Review, 50(4): 37–46.
39. Gunderson, L. H., & Holling, C. S. (2002). *Panarchy: Understanding Transformations in Human and Natural Systems*. Washington: Island Press.
40. Haftor, D. (2021). *Value creation through the evolution of business model themes*. Journal of Business Research, 122(2): 353–361.
41. Hamel, G., & Zanini, M. (2020). *Humanocracy: Creating Organizations as Amazing as the People Inside Them*. Boston: Harvard Business Review Press.
42. Hammer, M., & Champy, J. (1993). *Reengineering the Corporation: A Manifesto for Business Revolution*. New York: HarperBusiness.
43. Hanushek, E. A., & Woessmann, L. (2008). *The Role of Cognitive Skills in Economic Development*. Journal of Economic Literature, 46(3): 607–668.
44. Hassan, N., Abdelraouf, M. & El-Shihy, D. (2025). *The moderating role of personalized recommendations in the trust–satisfaction–loyalty relationship: an empirical study of AI-driven e-commerce*. Future Business Journal, 11: 66.
45. Henderson, R., & Van den Steen, E. (2015). *Why Do Firms Have „Purpose"? The Firm's Role as a Carrier of Identity and Reputation*. American Economic Review, 105(5): 326–330.
46. Hofstede, G. (2001). *Culture's Consequences: Comparing Values, Behaviors, Institutions, and Organizations Across Nations*. Thousand Oaks: Sage.
47. Holling, C. S. (1973). *Resilience and Stability of Ecological Systems*. Annual Review of Ecology, Evolution and Systematics, 4(1): 1–23.
48. Holling, C. S. (2001). *Understanding the Complexity of Economic, Ecological, and Social Systems*. Ecosystems, 4: 390–405.
49. Iansiti, M., & Levien, R. (2004). *The Keystone Advantage: What the New Dynamics of Business Ecosystems Mean for Strategy, Innovation, and Sustainability*. Harvard Business Press, Boston.
50. IKEA (2025). *Die IKEA Vision und Werte*. https://www.ikea.com/de/de/this-is-ikea/about-us/vision-werte-geschaeftsidee-pub9aa779d0/, Zugegriffen am 13.06.2025.
51. Jacobides, M., Cennamo, C. & Gawer, A. (2018). *Towards a Theory of Ecosystems*. Strategic Management Journal, 39(8): 2255–2276.
52. Järvi, K., Almpanopoulou, A. & Ritala, P. (2018). *Organization of knowledge ecosystems: Prefigurative and partial forms*. Research Policy, 47(8): 1523–1537.
53. Jasanoff, S. (2004). *States of Knowledge: The co-production of science and social order*. London/New York: Routledge.
54. Kapferer, J.-N. (2012). *The New Strategic Brand Management: Advanced Insights and Strategic Thinking*. London: Kogan Page.
55. Khodaei, H. & Ortt, R. (2019). *Capturing Dynamics in Business Model Frameworks*. Journal of Open Innovation: Technology, Market, and Complexity, 5(1).

56. Kotler, P., Keller, K. L. & Opresnik, M. O. (2017). *Marketing-Management: Konzepte – Instrumente – Unternehmensfallstudien.* München: Pearson.
57. Kotter, J. P. (2012). *Leading Change.* Boston: Harvard Business Press.
58. Kumar, V. & Reinartz, W. (2016). *Creating Enduring Customer Value.* Journal of Marketing, 80(6): 36–68.
59. Laloux, F. (2014). *Reinventing Organizations: A Guide to Creating Organizations Inspired by the Next Stage of Human Consciousness.* Millis: Nelson Parker.
60. Langholf, V. & Wilkens, U. (2021). *Agile Project Management, New Leadership Roles and Dynamic Capabilities – Insight from a Case Study Analysis.* Journal of Competences, Strategy & Management, 11: 1–18.
61. Lehnert, L., & Kuehnl, C. (2025). *Empathy at the heart of customer experience: A holistic framework for understanding and enhancing consumer empathy through the lens of customer experience.* Psychology & Marketing, 42: 332–358.
62. Lemon, K. N., & Verhoef, P. C. (2016). *Understanding Customer Experience Throughout the Customer Journey.* Journal of Marketing, 80(6): 69–96.
63. Luhmann, N. (1984). *Soziale Systeme: Grundriß einer allgemeinen Theorie.* Frankfurt am Main: Suhrkamp.
64. Luhmann, N. (2000). *Organisation und Entscheidung.* Opladen: Westdeutscher Verlag.
65. Mankins, M., & Litre, P. (2024). *Transformation That Works.* Harvard Business Review, https://hbr.org/2024/05/transformations-that-work. Zugegriffen am 12.06.2025.
66. Marmot, M. (2005). *The Status Syndrome: How Social Standing Affects Our Health and Longevity.* New York: Henry Holt.
67. McAfee, A., & Brynjolfsson, E. (2017). *Machine, Platform, Crowd: Harnessing Our Digital Future.* New York: Norton.
68. Mejía, J. & Pérez, R. (2024). *The Customer Experience is a Key Factor at Every Stage of the Transaction: Before, During, and After.* Journal of Sustainable Marketing, 1–19.
69. Mintzberg, H. (1979). *The Structuring of Organizations.* Englewood Cliffs: Prentice-Hall.
70. Mintzberg, H. (1994). *The rise and fall of strategic planning.* New York: Free Press.
71. Monge, P. R. & Contractor, N. S. (2003). *Theories of Communication Networks.* Oxford: Oxford University Press.
72. Netflix (2025). *The Best Work of Our Lives.* https://jobs.netflix.com/culture, Zugegriffen am 6.06.2025.
73. North, D. C. (2012). *Institutions, Institutional Change and Economic Performance.* Cambridge: Cambridge University Press.
74. Opielka, M. (2004). *Gemeinschaft in Gesellschaft. Soziologie nach Hegel und Parsons.* Wiesbaden: VS Verlag für Sozialwissenschaften.
75. Ortmann, G. (1995). *Formen der Produktion: Organisation und Rekursivität.* Opladen: Westdeutscher Verlag.
76. Osterwalder, A. & Pigneur, Y. (2010). *Business model generation – A handbook for visionaries, game changers and challengers.* Hoboken: Wiley.
77. Osterwalder, A., Pigneur, Y., Bernarda, G., Smith, A., & Papadakos, T. (2015). *Value Proposition Design: Entwickeln Sie Produkte und Services, die Ihre Kunden wirklich wollen.* Frankfurt/New York: Campus.
78. Parker, G. & Van Alstyne, M. & Jiang, X. (2016a). *Platform Ecosystems: How Developers Invert the Firm.* SSRN Electronic Journal, 41(1).

79. Parker, G., Van Alstyne, M., & Choudary, S. P. (2016b). *Platform Revolution: How Networked Markets Are Transforming the Economy — and How to Make Them Work for You.* New York: Norton.
80. Patagonia (2025). *Everything we make has an impact on the planet.* https://www.patagonia.com/our-footprint/, Zugegriffen am 13.06.2025.
81. Porter, M. E. (1980). *Competitive Strategy: Techniques for Analyzing Industries and Competitors.* New York: Free Press.
82. Prahalad, C. K. & Hamel, G. (1990). *The Core Competence of the Corporation.* Harvard Business Review, 68(3): 79–91.
83. Provan, K. G. & Kenis, P. (2008). *Modes of network governance: Structure, management, and effectiveness.* Journal of Public Administration Research and Theory, 18(2): 229–252.
84. Reeves, M. & Whitaker, K. (2022). *Innovating Management Innovation.* Strategic Management Review, 3(1): 157–167.
85. Riasanow, T., Floetgen, R. J., Greineder, M., Möslein, D., Böhm, M., & Krcmar, H. (2020). *Co-evolution in Business Ecosystems: Findings from Literature.* In Mayr, H. C. et al. (Hrsg.). Lecture Notes in Informatics (LNI), Gesellschaft für Informatik, Bonn.
86. Rodrik, D. (2011). *The Globalization Paradox: Democracy and the Future of the World Economy.* New York: Norton.
87. Rüegg-Stürm, J. & Grand, S. (2019). *Das St. Galler Management-Modell Management in einer komplexen Welt.* Stuttgart: UTB.
88. Schein, E. H. (2010). *Organizational Culture and Leadership.* San Francisco: Jossey-Bass.
89. Schilling, M. A. & Phelps, C. C. (2007). *Interfirm Collaboration Networks: The Impact of Large-Scale Network Structure on Firm Innovation.* Management Science, 53(7): 1113–1126.
90. Schreyögg, G. & Koch, J. (2014). *Grundlagen des Managements: Basiswissen für Studium und Praxis.* Wiesbaden: Springer Fachmedien
91. Schreyögg, G. & Sydow, J. (2010). *Organizing for Fluidity? Dilemmas of New Organizational Forms*, Organization Science, 21(6): 1251–1262.
92. Scott, W. R. (2008). *Institutions and Organizations: Ideas and Interests.* Los Angeles: Sage.
93. Senge, P. (1990, 2006). *The Fifth Discipline: The Art and Practice of the Learning Organization.* New York: Currency/Doubleday.
94. Shapiro, C. & Varian, H. R. (1999). *Information Rules: A Strategic Guide to The Network Economy.* Boston: Harvard Business Press.
95. Simon, H. A. (1957). *Administrative Behavior: A Study of Decision-Making Processes in Administrative Organization.* New York: Free Press.
96. Simon, H. A. (1962). *The Architecture of Complexity.* Proceedings of the American Philosophical Society, 106(6): 467–482.
97. Sinek, S. (2011). *Start With Why: How Great Leaders Inspire Everyone to Take Action.* London: Penguin.
98. Strelow, M. & Bürkle, G. (2023). *Segment of One – Vom Zielbild zur Realität durch neue Technologien.* https://omr.com/de/reviews/contenthub/segment-of-one, Zugegriffen am 16.06.2025.

99. Teece, D. J. (2007). *Explicating dynamic capabilities: the nature and microfoundations of (sustainable) enterprise performance*. Strategic Management Journal, 28(13): 1319–1350.
100. Teece, D. J. (2023). *The Evolution of the Dynamic Capabilities Framework*. In Adams, R., Grichnik, D., Pundziene, A. & Volkmann, C. (Hrsg.). Artificiality and Sustainability in Entrepreneurship. FGF Studies in Small Business and Entrepreneurship. Cham: Springer: 113–129.
101. Tewes, S. (2020). *Geschäftsmodelle neu denken*. In Tewes, S., Niestroj, B. & Tewes, C. (Hrsg.). Geschäftsmodelle in die Zukunft denken – Erfolgsfaktoren für Branchen, Unternehmen und Veränderer. Wiesbaden: Springer: 9–20.
102. Tewes, S. (2025a). *Adaptive-dynamic Cycle for Future Business Models*. International Journal of Innovation and Economics Development, https://researchleap.com/adaptive-dynamic-cycle-for-future-business-models/.
103. Tewes, S. (2025b). *Warum PESTEL nicht ausreicht: Die Notwendigkeit einer systemischen Perspektive*, https://www.futurebusiness.group/post/warum-pestel-nicht-ausreicht-die-notwendigkeit-einer-systemischen-perspektive, Zugegriffen am 14.06.2025.
104. Tewes, S. & Gatterer, H. (2023). *Megatrend Research – Die besten Werkzeuge und Methoden selbst die Zukunft zu gestalten*. Hamburg: Murmann.
105. Tewes, S. & Muschiol, J. (2024). *Die technosoziale Arbeitswelt*. Zukunftsreport 24: 54–61.
106. Tewes, S., Niestroj, B. & Tewes, C. (2020). *Geschäftsmodelle in die Zukunft denken – Erfolgsfaktoren für Branchen, Unternehmen und Veränderer*. Wiesbaden: Springer.
107. Tewes, S., Tewes, C., & Jäger, C. (2018). *The 9x9 of future business models*. International Journal of Innovation and Economic Development, 4(5): 39–48.
108. Tremblay, D.-G. & Pilati, T. (2013). *Social innovation through arts and creativity*. In Moulaert, F., MacCallum, D., Mehmood, A. & Hamdouch, A. (Hrsg.). The International Handbook on Social Innovation. Cheltenham: Edward Elgar: S. 67–79.
109. Ulaga, W., & Reinartz, W. J. (2011). *Hybrid Offerings: How Manufacturing Firms Combine Goods and Services Successfully*. Journal of Marketing, 75(6): 5–23.
110. Vargo, S. & Lusch, R. (2004). *Evolving to a New Dominant Logic*. Journal of Marketing, 68(1): 1–17.
111. Vilkaitė-Vaitonė, N. (2024). *The greenwashing trap: how misleading marketing affects consumer green purchasing habits*. Business: Theory and Practice, 25(2): 593–602.
112. Wang, S., Sun, L. & Yu, Y. (2024). *A dynamic customer segmentation approach by combining LRFMS and multivariate time series clustering*. Scientific Reports, 14, 17491.
113. Weber, M. (1922). *Wirtschaft und Gesellschaft: Grundriss der verstehenden Soziologie*. Tübingen: Mohr Siebeck.
114. Weber, S. M., Truschkat, I., Schröder, C., Peters, L. & Herz, A. (2019): *Organisation und Netzwerke. Beiträge der Kommission Organisationspädagogik*. Wiesbaden: Springer VS.
115. Weick, K. E. (1979). *The Social Psychology of Organizing*. New York: McGraw-Hill.
116. Weick, K. E. (1995). *Sensemaking in Organizations*. Thousand Oaks: Sage.
117. Weick, K. E. & Sutcliffe, K. M. (2015). *Managing the Unexpected: Sustained Performance in a Complex World*, Hoboken: Wiley.

118. Weill, P., & Woerner, S. L. (2018). *What's your digital business model? Six questions to help you build the next-generation enterprise.* Boston: Harvard Business Review Press.
119. Wirtschaftskammer Österreich (WKÖ) (2023). *Trendguide für Ein-Personen-Unternehmen,* https://www.wko.at/oe/epu/trendguide-epu.pdf. Zugegriffen am 13.06.2025.
120. Young, D. & Gerard, M. (2021). *Four Steps to Sustainable Business Model Innovation,* https://www.bcg.com/publications/2021/four-strategies-for-sustainable-business-model-innovation. Zugegriffen am 10.06.2025.

GPSR Compliance
The European Union's (EU) General Product Safety Regulation (GPSR) is a set of rules that requires consumer products to be safe and our obligations to ensure this.

If you have any concerns about our products, you can contact us on

ProductSafety@springernature.com

In case Publisher is established outside the EU, the EU authorized representative is:

Springer Nature Customer Service Center GmbH
Europaplatz 3
69115 Heidelberg, Germany